孫《まご》ができたら まず読む本

子育て新常識から
家族とのつき合い方まで

監修 宮本まき子
（家族問題評論家）

NHK出版 なるほど！の本

プロローグ

祖父母デビュー！わが家に孫がやってくる。

宮本まき子

高度成長の一翼を担った「団塊の世代」がひと足早く、バブル期と長い経済低迷期の両方を体験した「ポスト団塊世代」が今続々と「祖父母デビュー」を果たしています。「初孫体験」は戦前より10年遅く、平均61～63歳ですが、晩婚・晩産傾向の昨今では70代の方も少なくありません。「孫育て＝忘れたころにやってきた子育てアゲイン」に慌てて昔使っていた育児書を引っぱり出したり、ネット検索したりしていませんか？

昭和40年代以降しばらくの間は、分厚い「科学的な育児書」が愛読されました。子どもの自立を早めるためのベビーベッドや子ども部屋、体重管理のための混合栄養が推奨され、規律正しい授乳や離乳食の与え方、日光浴、赤ちゃん体操、トイレトレーニングなどの育児法が普及しました。そうやって育てられたジュニア世代が今、親になっています。

この30年ほどで「育児の常識」はかなり「上書き」されてきました。パソコンの普及は専門家のみならず、一般人にも膨大なデータと情報を即座に提供できるようになったからです。添い寝や自律授乳、卒乳、離乳食開始時期の先延ばし、予防接種の増加等々に加え、親以外の人物による保護的な関わりが、子どもの心の成長によい影響を与えるのも分かりました。

子育てにはその時代の背景になっている社会状況のカラーがあるようです。戦前・戦後は多産が当たり前で、子どもは「家庭内労働力」をアテにされるか、ときにおおざっぱに「みそっかす」扱いされることもありました。高度成長期では「親と子ども2人の核家族」のニューファミリーで祖父母とは距離をおいて付き合うのが理想的な家族関係と思われていました。晩婚化・少産化の現代では赤ちゃんができるか否かはある意味「コウノトリ任せ・運任せ」ですから、出産は家族みんなの喜ばしい「一大イベント」です。昔のように「他家に嫁いで生まれた外孫はあちらの家族、当家に生まれてくれば内孫でうちの家族」などと選別していると「孫ナシ」になりかねませんから、このさい一律に「かわいい孫」でカウントさせてもらいましょう。

かつてのように家長が子どもの家庭に示唆や指示を出すこともすたれました。夫婦間でも「男は仕事、女は家庭」の分業発想は出産後に育児ストレスを急増させると分かり、イクメン夫の育児協業（妻と育児・家事労働をシェアする）も増えつつあります。壮年期の共働きは今や多数派、これも時代の趨勢《すうせい》で、今後変わることはないと思われます。

このような家庭や社会の変化もふまえて、出産直後からかわいい孫を間にはさんで経験不足の若い両親や、年代や価値観の異なるもう一組の祖父母とどうお付き合いしていくか、心地よいコミュニケーションを取り合っていくかが課題になってくるでしょう。

本著は「孫を中心として連鎖している大人たちとのお付き合いマナーブック」でもあり、「古い育児ノウハウから脱却したミニ育児本」でもあります。何気ないひと言で関係がこじれたり、一方的な思い込みや不満が小さな怒りや不安を起こしたりしないよう、お付き合いマナーや最新の育児ノウハウの予備知識が必要です。

基本は「孫がかわいい、心から大事な存在だ」という心構えでしょう。

その子のためなら多少の不便や不快は我慢できるし、できる範囲だけど育児の手助けをし、家庭生活を守ってやりたいというのが「親心&祖父母心」であります。ウザいとか、過保護とか言われたとしても、かつて家族関係が希薄になった時代を経験している祖父母世代だからこそ、アナログで濃厚な人間関係がもたらすもののよさや大切さが分かっているはずです。

許容範囲を超える「孫育て」労働で「孫疲れ」もクローズアップされてきました。真の「孫育て」は、丸投げされた育児労働を引き受けることではありません。地域や親類との関わりが激減し、孫の周囲に親や教師以外に親しく接する大人がいない現状では、愛情を込めて向き合ってくれる祖父母は貴重な「人材」でもあり、「生きた教科書、図書館」でもあります。親や教師とは異なった価値観や人生観を伝える人になりましょう。目先だけのことでなく、遠い将来を考えた対応や、挫折や失敗談を語ることで人生の先輩としての役割も果たしましょう。

私たち祖父母世代は50年後の孫たちの様子を見届けることはできませんが、50年後の孫たちの「幸せ」を夢見ることはできます。人生の収穫期にもうひと働きして、彼らに豊かな「置き土産」をしていきませんか?

contents
もくじ

2章 行事編 孫の成長を祝うときは

3章 育児編① 預かるときのルールづくり

あるある みんなの 体験談

この本では各章の最後に「あるあるみんなの体験談」を掲載。バアバやジイジの体験談はもとよりママやパパのもたっぷり！　リアルな声から、孫でつながる「大人たちの人間関係」をよくするコツや、「子育て新常識」が分かります。

4章 育児編(2) 子守りに役立つ最新情報

あるあるみんなの体験談

昔の子育て常識、今の非常識!?

1章

基礎編

まず、祖父母の役割を知る

孫ができたら、祖父母として何をしたらよいのでしょうか。出産時、育児期など、そのときどきの「祖父母の役割」と、親や先方の祖父母との「上手な付き合い方」をご紹介します。

Q かつての子育て経験、今では役に立たないのでしょうか？

A そんなことはありません。ただし、医学が進歩して変わった部分もあるので、注意が必要です。

かつての子育て経験が役に立たない、などということはありません。特に何人もの子どもを育てた祖父母なら、育児書数冊分の知恵があるといってもよいでしょう。

ただし、医学が進歩して、育児のやり方が正反対になったものもあるため、注意が必要です。例えば、かつてブームになった「うつぶせ寝」は、乳幼児突然死症候群（SIDS）との関連が問題視され、現在では推奨されていません（11ページ）。

また、赤ちゃんが泣いたからといってすぐに抱くと「抱き癖が付く」といわれましたが、今では「むしろ放っておくことの方が問題。泣いて訴えているのを無視し続けるのは育児放棄につながる」と考えられています（35ページ）。

取り巻く環境が変わったことで、育児のやり方が変わったケースもあります。例えば赤ちゃんを車に乗せるときは大人が抱っこしたものですが、**6歳未満の子どもには、法律でチャイルドシートの使用が義務付**けられています（131ページ）。

本書では「昔の子育て常識、今の非常識!?」というタイトルで主な育児法の違いをイラストで紹介。どのように変わったかが、一目で分かるので参考にしてみてはいかがでしょうか。

祖父母が育児のやり方を最新のものに更新しておけば、親たちも安心して預けられるでしょう。

昔の子育て常識、今の非常識!? 1

「うつぶせ寝」は危険。「あおむけ寝」がおすすめ

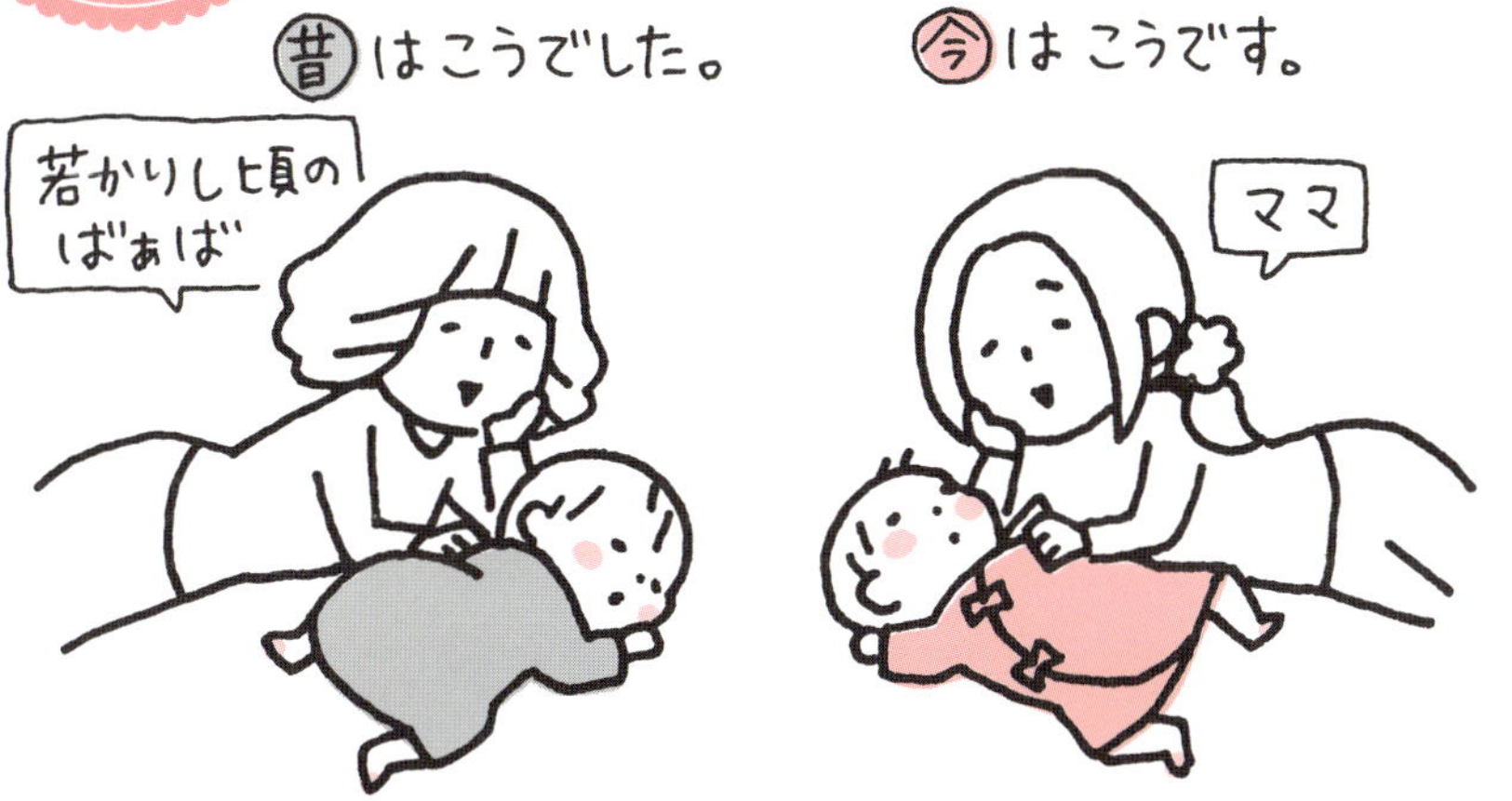

うつぶせ寝は眠りが深くなる、ミルクを吐かない、頭の形がよくなるなどの理由で1980年代、全国的に広まりました。しかし、うつぶせ寝が乳幼児突然死症候群（SIDS）のリスクを高めるとして、現在ではあおむけ寝が推奨されています*。*医学上の理由でうつぶせ寝を指示されている場合をのぞく。

Q “孫育て”するのは孫のためではなく娘のため。こんな人は少数派？

A そんなことはありません。育児や家事を手伝う理由として、息子や娘が大変だから…という人が8割に上ります。

孫はもちろんかわいいけれど、息子や娘はもっとかわいいという人は意外に多いものです。旭化成ホームズ「共働き家族研究所」の調べによると、子世帯の育児や家事をサポートする理由として最も多いのは「仕事と家庭の両立は大変だから、できるだけ助けてあげたいから」で、81％に上りました。2番目に「孫にできるだけ会いたいから」の64％が続きます*。

多くの祖父母が仕事に、家事に、育児にと慌ただしく働いている息子夫婦や娘夫婦を見かねて、手を差し伸べていることが分かります。

また、同調べによると、サポートする理由として、「娘（息子の妻）に、できるだけ仕

*出典2016年「共働き家族とサポートする親　そのくらしと意識　調査報告書」（旭化成ホームズ株式会社　くらしノベーション研究所　共働き家族研究所）。数値は、「当てはまる」「やや当てはまる」の合計割合。

事を続けてもらいたいから　57・3％」、「娘（息子の妻）には家庭だけでなく社会とのつながりをもって生きてほしいから　52％」も、あげられています。

一度会社を辞めてしまうと、復職するのは至難の業

祖父母より上の世代が育児をしていたころは、赤ちゃんができると妻は仕事を辞めて子育てに専念するのが一般的でした。仕事を再開するのは子育てが一段落してから。しかし、いったん会社を辞めると正規雇用に戻るのは難しく、パートなどの非正規雇用になりがちでした。せっかくの**キャリアが中断されるうえに、経済的な損失も大きいため、**息子夫婦や娘夫婦にはそのような思いをさせたくなくて、仕事を続けられるようにサポートしたいということでしょう。

いくつになっても変わらないのが我が子を思う親心といえそうです。

もっとも息子や娘には通じていない場合もあるので、何かの折に「家庭と仕事の両立が大変そうだから、力になりたくて手伝っているのよ」などと伝えておくと、親の気持ちがきちんと通じてよいかもしれません。

マナーポイント

子ども夫婦には、家庭と仕事が両立できるように、育児や家事をサポートしていることを伝えておく。

Q 「妊娠した！」との報告がありました。どのように手助けすればよいでしょう？

A 余計な口出しをせずに見守ってあげましょう。困っているときや、つらそうなときは気遣いを。

妊娠の報告を受けたら、まずは「おめでとう！」「本当によかった！」などと心から、大いに祝福したいものです。同時に、娘さんやお嫁さんは不安でいっぱいかもしれません。「元気な子を産んでね」などとプレッシャーをかけたり、「男の子だといいわね」「高齢出産なんだから気を付けてよ」などの無神経な言葉は、絶対にかけないようにします。あれこれ指図することも控えて、「大事にしてね」「もし困ったことがあったら言ってね」などの言葉で気遣うようにしましょう。

とりわけ妊娠初期は人によってはつわりに苦しむ時期です。つわりは個人差が大きく、ほとんど食べられず、嘔吐《おうと》してげっそりやせてしまう人から、空腹時に少し気持ちが悪くなる程度といった軽い人まで十人十色です。自分のつわりが軽かった場合は、ついその感覚で「気を張っていれば大丈夫よ」などと言ってしまいがちですが、つわりは気を張れば治るものではありません。また、励ますつもりで「食べないと赤ちゃんが育たないわよ」などと言うのも妊婦を不安にさせるだけです。

「大切に思っている」気持ちを伝える

どんなにしっかりとした娘さんやお嫁さんでも、妊娠中はデリケートになりやすいため、見守りつつ、いたわるようにしましょう。

つわりでつらそうなときや、体調が悪そうなときは、「食べられそうなものはある?」「何か作って、持って行こうか?」などと具体的な手助けを提案してみます。

押し付けがましいのはいけませんが、「いつでもサポートするわよ」というサインを出しておくのは大切なことです。〝大事にされている〟という気持ちが伝われば、娘さんやお嫁さんも安心して出産を迎えられるでしょう。

孫育ての極意

妊婦の心が安定していると赤ちゃんにもいい影響が及ぶ。妊婦への気遣いは〝孫育て〟の第一歩。

妊娠・出産の主役は祖父母でなく〝親〟

妊娠、出産は人生のスペシャルな出来事です。出産する医療機関、出産方法などについては、息子夫婦や娘夫婦がいろいろ考えてベストなものを選ぶはずです。報告されたら、「無痛分娩？　自然が一番なのに」などと否定せず、「分かったわ。何か手伝うことがあれば言って」と、**見守る、協力する**というスタンスでいきましょう。赤ちゃんの性別もこちらから「教えて」などと言わないようにします。

ベビー用品も夫婦が楽しみながら準備することでしょう。孫のために何か買ってあげたいという気持ちがわいてくるかもしれませんが、勝手に買わずに、「プレゼントしたいけど、何がいい？」などと聞いてからにします。

高齢出産（35歳以上の初産）が増えたため、「出生前診断《しゅっせいぜんしんだん》」も関心が高いようです。出生前診断とは、おなかの赤ちゃんに染色体異常などの病気がないかチェックする検査で、最近では母体の血液を採取して赤ちゃんの遺伝子を解析する「新型出生前診断（NIPT）」が登場しています。しかし、これらの検査を受けるかどうか、予期せぬ結果が出た場合どうするのかは、夫婦が二人で決めること。どんなに心配でも祖父母は**独立した子らの将来にまで「責任を取れる立場」ではないので、口出しをしない**ようにします。

妊娠中の過ごし方で、大きく変わったのは、食生活と体重管理でしょう（下記）。

また、大きくなった**腹をサポートする腹帯**の常識も変わりました。さらしに代わり、ガードルタイプやベルトタイプなどが主流ですが、暑苦しい、息苦しいと感じるときは無理に着用しなくても構いません。着用しないとおなかが大きくなり過ぎるといった心配もありません。

マタニティウエアも昔はジャンパースカートが主流でしたが、今は妊婦用ジーンズなどもあり、ふだんとあまり変わらないおしゃれを楽しめるようになりました。

昔の子育て常識、今の非常識!? 2

「妊婦は２人分食べるもの」は、食糧事情が悪かったころの話

「妊婦の食事は2人分」は、50年以上前の食糧事情がよくなかったころの話です。現在はむしろ食べ過ぎて必要以上に太ってしまうことの方が問題です。「妊娠高血圧症候群（妊娠中毒症）」を招いたり、腹圧をかけることが困難になる、産道が狭くなるなどの原因で難産になることがあるからです。

Q もうすぐ孫が生まれます。出産時、祖父母のやるべきことは?

A お見舞いに行ったら長居をせずに早く引き上げましょう。大仕事を終えたお嫁さんにもねぎらいの言葉を。

いよいよ出産予定日が近付くと、祖父母としては落ち着かないかもしれません。でも、いちばん落ち着かない思いをしているのは妊婦本人でしょう。そんなときに「まだなの?」「調子はどう?」などと聞くと、焦ったり、不安になってしまうかもしれません。こちらから電話やメールをするのは控えた方が賢明です。

もし予定日を過ぎても、2週間以内(妊娠42週未満)に生まれれば正期産《せいきさん》です。その間に健診も頻繁に行われるので、心配し過ぎないようにしましょう。向こうから連絡があり、なかなか生まれず、妊婦自身が不安になっているようなときは、「ママのおなかの居心地がよくて、赤ちゃんがまだ出てきたくないのかもね」などと明るく肯定的なことを言って励ますとよいでしょう。

「生まれた」という知らせが来たらいつ行く？

いよいよ「陣痛が来て入院した」、あるいは「無事に出産した！」という知らせを受けたら、今度はいつお見舞いに行けばよいのか迷うかもしれません。まず入院の段階では、「来てほしい」と言われたら別ですが、祖父母は家で待機して吉報を待つようにしましょう。「無事出産した」との知らせが来たら、**すぐに駆け付けても、翌日や翌々日など都合のよい日に行っても構いません。**これは娘さんの場合も、お嫁さんの場合も同様です。もちろん産院が遠くてお見舞いに行けない場合は、知らせが来たときに祝意を伝えればそれで十分です。

お見舞いに行ったら長居は禁物です。大仕事を終えた産婦は心身ともに疲れ切っています。出産当日や翌日に行く場合は、赤ちゃんの顔を見たらすぐに帰りましょう。3日目以降になると体はだいぶん回復しますが、授乳やおむつ替えなどで忙しくなるので、やはり短時間で切り上げるようにします。

孫育ての極意

産婦にストレスを与えないこと。それが体の回復を助け、母乳の出にもよい影響を及ぼす。

産婦は気が高ぶっていて、神経質になりがち

お見舞いでは、つい赤ちゃんにばかり目が行ってしまいがちですが、頑張って赤ちゃんを産んだ母親の方にも「頑張ったね。お疲れさま」「ゆっくり休んでね」などと**ねぎらいの言葉**をかけるのを忘れないようにしましょう。お嫁さんに「跡取りを産んでくれてありがとう」などというような言い方をすると、「家のために産んだのではないのに…」と不快に思う人もいるので気を付けましょう。

また、出産後の母親は気が高ぶっていて、日頃はおおらかな人でも神経質になりがちです。気軽に、赤ちゃんのことを「小さい」「面白い顔をしている」などと言うと、「姑から赤ちゃんのことをけなされた」と受け止めかねません。**「かわいい」「元気」「賢そう」**などのポジティブな言葉だけを慎重に選んで使うとよいでしょう。赤ちゃんを抱っこしたいときも、必ず「抱っこしてもいい？」と聞いて、許可を得てからにします。**手を洗い、おくるみにくるみ、落とさないように座った姿勢で**抱っこする、などの気遣いも必要です。

お見舞いの品は、お花なら、花束よりもそのまま飾れるアレンジメントの方が喜ばれるでしょう。ただし、最近は感染症予防の観点から花の持ち込みを禁止にしている産院もあるので、事前に確認した方がいいでしょう。食べ物なら、切らずにそのまま食べら

れるぶどうやいちごなどの果物、個別包装のお菓子がおすすめです。

赤ちゃんの名前に関しては、親が考えることです。アドバイスを求められたりしない限り、**口出しはしない**ようにします。祖父母世代には少々違和感がある、今はやりのキラキラネーム（当て字を使った個性的な名前）だとしても、よほど非常識でない限りは素直に受け入れましょう。

生まれたばかりの赤ちゃんは産湯に入らない

祖母たちが出産をしたころ、生まれた赤ちゃんはすぐに産湯に入れて、体に付いた血液や胎便《たいべん》、白い脂（胎脂《たいし》）を洗い流したものです。

しかし、今、産湯に入れる産院はほとんどありません。胎脂には細菌などから皮膚を守るバリアの役目や保温機能があるので、すぐに落とさない方がいいという考え方に変わってきているからです。乾いたタオルで血液や胎便を拭き取るだけなので、赤ちゃんの**肌には白っぽい物**がたくさん付いていますが、手抜きをしているわけではないので安心してください。

マナーポイント

名付けには基本的に口をはさまない。親の考えを尊重し、二人が決めた名前を受け入れる。

Q 孫が生まれました。先方の祖父母とどのように付き合えばよいでしょう？

A 無理をせず、思いやりをもって接したいものです。ある程度距離を取ると、よい関係が築けるでしょう。

孫の誕生後いちばん悩ましかったのが先方の祖父母との付き合い方で、何十年たった今でも、なにが正解なのかよく分からない、という人は決して少なくありません。

子どもが結婚すると、先方の両親とも親戚になって、お付き合いが始まります。しかし、その時点ではまだ、年賀状やお歳暮を取り交わす程度の形式的なお付き合いが多いでしょう。ところが孫ができると、〝里帰り出産をするか否か〟から始まり、〝どちらの家がひな人形やこいのぼりを贈るのか〟〝お祝い金はどうするか〟など、両家でやりとりして決めなくてはいけないことが次々と押し寄せてきます。そのため初孫誕生のころから、お付き合いに関する悩みが増えてくるわけです。

気取ったり、相手に合わせ過ぎず自然体で

お付き合いで大切なのは、自分をよく見せようと物分かりのいい人のように振る舞ったり、相手に合わせ過ぎたりしないことでしょう。無理をすれば長い付き合いの間に破綻しかねません。気取ったり繕ったりせず、自然体で接したいものです。

思いやりをもって付き合うことも欠かせません。例えば娘が里帰り出産をした場合は、先方の祖父母が疎外感を感じないように、経過を報告したり、赤ちゃんの動画や写真を送ったりするとよいでしょう。

反対に嫁が里帰り出産で実家に帰っている場合は、先方の祖父母や嫁が好きな食べ物を送るなど、心配りをしたいものです。

また、孫の行事などで、先方の祖父母にこちらの意向を伝えたいときは、息子や娘を通すとスムーズにいくでしょう。例えば初誕生祝い会を開きたいときは息子や娘に「大翔くんの1歳のお誕生日どうする？　あちらの親御さんにも声をかけて、食事会をしてはどうかしら？」などと相談したうえで、先方の祖父母にも伝えてもらうようにします。

マナーポイント

自分をよく見せようとしたり、相手に合わせ過ぎないこと。無理をすれば関係が破綻しかねない。

適度な距離を取って、よい関係を長続きさせる

一般に、人付き合いは適度な距離を取った方が、よい関係が長続きしやすいものです。先方の祖父母との付き合いにも同じことがいえるでしょう。

もちろん互いに意気投合して、家を頻繁に行き来したり、旅行まで一緒に行くようになった…などという場合は、そのような心配はいらないかもしれません。

しかし、そこまで気が合うわけではないときは、孫の行事をはじめとする**冠婚葬祭のお付き合いや、季節の挨拶だけ**はきちんと行い、失礼がないようにすればそれで十分でしょう。孫が生まれたからといって、頻繁に行き来したり、連絡を取り合わなくてはならない義務はありません。

もし、孫を預かることになって、先方の祖父母とも連携を取る必要があれば、息子や娘夫婦を通して、連絡を取るとよいでしょう。

価値観があまりに違う場合の対処法

ときには、先方の祖父母とあまりにも価値観が違って、お付き合いするのが正直いってつらい、大変…などということもあるかもしれません。このような場合は、失礼にな

らない程度の最小限のお付き合いにとどめるとよいでしょう。

相手から誘われた場合は用事があることにして「**残念ですが…**」などと付け加えて、丁重に断ります。何度か断れば、誘われなくなるものです。

価値観が大きく異なると、つい息子夫婦や娘夫婦の前で先方の祖父母の悪口を言ったり、批判したりしがちですが、それだけは**絶対にやってはいけません**。たとえそれが事実であったとしても、嫁や婿にとっては不愉快だし、恨まれたり、根にもたれて**今後の関係に影**を落とすこともあるので自制しましょう。

「血縁だから」と油断して娘や息子に配偶者の実家の噂や中傷じみたことも言わないこと。自分の親からそのような軽はずみで自己中心的な非難は聞きたくないはずだし、板挟みにあって**苦慮するのは結局「わが子」**の方なのです。

どうしても悪口を言わないと気持ちが治まらない場合は、**親しい友人や同僚など、子ども夫婦とは接点のない部外者**に聞いてもらうとよいでしょう。

何か気に障ることがあっても「その場所やその関係者がいるところでは決して口に出さない」。これが大人のマナーです。

マナーポイント

子ども夫婦の前で先方の祖父母の悪口を言ったり、批判しないこと。あとあとまで恨まれることに。

Q 娘の里帰り出産。気を付けるポイントを教えてください。

A 何でも手助けするのではなく、娘さんが育児に慣れるように見守ることも大切です。

産前産後を実家で過ごす〝里帰り出産〟。娘は親に手助けしてもらえるし、親は娘を助けながらかわいい孫を毎日あやすことができる…。まさにウィン・ウィンの関係ですが、**あくまでも期間限定**のもの。いずれは自宅に帰り、夫婦二人で赤ちゃんを育てなければなりません。その生活にうまく移れるようにけじめを付けることも必要です。

出産予定日の6～8週間前から里帰りすることが多いようですが、娘さんを大事にし過ぎて、栄養のある物や好物をせっせと作り、何もさせないでいると、必要以上に体重を増やしてしまうことがあります。**太り過ぎは安産の大敵**です。産後は、娘さんが生活のペースが里帰りで激変しないように気を付けてあげましょう。食事の内容や赤ちゃんの世話に慣れるための時期でもあります。**赤ちゃんの世話は娘さんに任せ、**口出しも最低限にしましょう。疲れていそうなときは代わってあげる。一人でやると大変な〝沐浴《もくよく》〟は手伝うなど、手助けした方がよいときだけ手を差し伸べるようにします。

1か月健診で母子ともに問題ないと診断されたら、そろそろ自宅へ帰ることを考える時期です。帰る日程は、娘さんご夫婦の判断に任せましょう。寂しくなりますが、自分たちの都合だけで引き止めないようにします。

先方の祖父母への気遣いを忘れないこと

忘れないようにしたいのが先方の祖父母への気遣いです。娘さんがときどき妊娠の経過や赤ちゃんの様子を伝えているようなら問題ありませんが、何もしていなければ連絡するように促しましょう（50ページ）。

もし、先方が訪問したいと言ってきたら、**快く受け入れて**赤ちゃんと対面していただきます。一緒に心から孫の誕生を喜びたいものです。

孫育ての極意

里帰り出産は「期間限定で、娘と赤ちゃんを預かり、育児に慣れさせるためのもの」と心得る。

嫁が里帰り出産する場合は、快く受け入れる

一方、もし息子さんご夫婦から「嫁が里帰り出産することになった」と報告されたら、**「それは安心だわね」**などと快く受け入れたいものです。「遠いけど大丈夫なの?」などと否定的なことは言わないようにします。

里帰り出産で先方の祖父母に挨拶するとき、一昔前なら「嫁がお世話になります。よろしくお願いいたします」などと言うのが正しいやり方でした。しかし、今、それをやると〝うちの娘なんだから、よろしくなどと言われる筋合いはない〟と不快に思う人も多いことでしょう。挨拶では「成美さんが里帰り出産されるそうで、私どもも安心しております。その期間、**息子がお邪魔するかもしれませんが、**どうぞよろしくお願いいたします」などといった方が感じがよいでしょう。

実際、お嫁さんが里帰り中、自分の息子が先方の家で食事をいただいたり、泊まったりしている場合は、**お祝いと感謝の気持ちを込めて、少し奮発した贈り物、**例えばすぐに食べられる高級食材などを送るとよいかもしれません。お金を渡すよりは、先方も気持ちよく受け取ってくれるのではないでしょうか。

また、忘れてはならないのが、**お嫁さんの生活費として5~10万円**ぐらいを目安に先方の祖父母に渡すよう、息子さんにアドバイスすることです。

息子さんが先方に「妻と赤ちゃんがお世話になります。些少《さしょう》ですが母子の生活費として、お受け取りいただけませんでしょうか？」などと言って渡せば、息子さんの株はきっと上がるはずです。息子さん自身が仕事帰り、毎晩のようにお嫁さんの実家で食事をしているようなら、**息子さん自身の食費もプラス**した方がよいでしょう。

もし、先方の祖父母が「そんなこと気にしないで」と辞退したら、「恐れ入ります」「ありがとうございます」といった感謝の言葉とともに引き下がるようにします。

嫁が夫の実家に「里帰り」する場合

お嫁さんが夫の実家に「里帰り」するケースも少なからずあるようです。

実の娘が里帰りしたと思ってやさしく接してあげたいものですが、お互いに気を遣い過ぎて疲れてしまうこともあります。いっそのことお嫁さんに「敬語は使わないでいいわよ。**タメ口にしない？**」と提案してはいかがでしょうか。「お母さんこれ使っていい？」「いいわよ」みたいに話しているうちに、お互いの距離がぐっと縮まったというケースも少なくありません。

マナーポイント

嫁が里帰り出産する場合、息子に先方の祖父母へ「嫁と赤ちゃんの生活費」を渡すよう提案しても。

Q 出産後のサポートは、どのようにしたらよいでしょう？

A 産婦は横になって、体を休めることが欠かせません。代わりに炊事、洗濯、掃除などをしてあげましょう。

出産後、産婦の体が完全に回復するまでに6～8週間かかり、この期間を「産褥期」と呼びます。「褥」とは布団という意味で、〝布団を敷いたままにして、いつでも横になって休めるようにしておく期間〟ということです。**産褥期、産婦は授乳やおむつ替えなどの赤ちゃんの世話だけ**をして、子宮が回復するまでできるだけ横になり、体を休めるようにします。その間の炊事や洗濯、掃除などの家事は、他の人が引き受けるようにしましょう。

息子さんやお婿さんが長期の育児休暇（休業）を取ってサポートできるなら理想的ですが、そのようなケースはまだまだまれです＊。そうなると祖父母、とりわけ出産経験

＊ 2016 年度、男性の育児休業取得率は 3.16%（厚生労働省）

のある祖母の力がものを言います。**産褥期こそが祖母の出番**ともいえるでしょう。母親の負担が少しでも軽くなるように、サポートしてあげましょう。

実母がサポートできない場合は姑が行う

産後、母親と赤ちゃんが過ごす場所として多いのは実家ですが〝自宅〟になることもあります。その場合は、祖母が自宅に通ったり、滞在してサポートすることになります。相手が娘さんなら気軽に助けたり頼ったりできても、お嫁さんの場合は双方で遠慮してしまうかもしれません。しかし、実の母親が病気や仕事や老人介護でサポートできない場合も少なからずあります。特に嫁姑の仲が悪くない限り、「義理の母に頼る」「お嫁さんを手助けする」のは当然のことです。

妊娠中から話題にして、お嫁さんに「手伝うわよ」**「必要なら言ってね」**などと伝えておきましょう。

両家の祖父母がどちらも手助けできない場合は、**「産後ドゥーラ」**（50ページ）を利用するという方法もあります。費用がかかるため、祖父母が出産祝い代わりに出してあげてもよいかもしれません。

孫育ての極意

産婦が体を休められるように手助けを。「産後ドゥーラ」を利用するという方法もある。

産後は心が揺らぎやすいので親身になって

産後は、授乳やおむつ替えに追われ、睡眠もままならない状態です。「母乳の出が悪い…」「赤ちゃんが泣き止まない…」など、慣れない育児では戸惑うこともたくさんあることでしょう。同時に、体内では〝胎盤から出ていた妊娠継続のためのホルモンが出産と同時にストップする〟などの急激な変化が起こっています。これらが相まって「わけもなく涙が出る」「イライラする」といった**軽い抑うつ状態**に陥ることがあります。多くの場合、一時的なもので自然に治まりますが、孤立したり、ストレスがかかり続けたりすると、「**産後うつ病**」を発症してしまうことも少なくありません。それほど産後の母親の心は揺らぎやすいのです。

おそらく祖母も同じような経験をしているはずですが、何しろ数十年も前のこと。なかには過去を美化して「私はどんなに眠くても楽しかった…。あなたも頑張って」などと言う人もいるようです。これでは、母親を苦しめることになりかねません。慣れない育児に奮闘中の心に寄り添い、親身なサポートをしてあげたいものです。

おすすめなのは〝**ワンポイントリリーフ授乳**〟です。完全母乳でなければ、1回分の授乳（ミルクやり）とその前後のおむつ替え、寝かし付けを祖母が担当します。これで母親は5時間ぐらいは熟睡できて、体もだいぶん楽になるはずです。

このような状況なので、出産祝いに実家や自宅を訪問するときは、短時間で切り上げるようにします。先方の祖父母などに負担をかけないように「お弁当やお菓子、飲み物は持参します。ご一緒にいかがでしょう」などと提案してもよいでしょう。

また、赤ちゃんに無神経なふるまいをすると、母親の**赤ちゃんを守る本能**が働き、イラつかせてしまうかもしれません。

抱っこするときは、必ず断ってからにする（20ページ）、顔を近付けたり、キスをしたり、「よしよし」と強く揺さぶったりしないように気を付けましょう。

昔の子育て常識、今の非常識!? 3

「自覚がないから母乳が出ない」は迷信。ホルモンによって分泌

母乳の分泌に必要なのは“プロラクチン”や“オキシトシン”というホルモンと、栄養のバランスのとれた食事、そして産婦がゆったりと過ごせる環境です。オキシトシンは赤ちゃんがおっぱいを吸うと、産婦の脳下垂体からの分泌が増加します。赤ちゃんが吸えば吸うほど母乳を分泌しやすくなるのです。

Q 娘の育児を見ていると、どうしても口をはさみたくなります。

A たとえつたない育児であっても、育児の主役は〝親〟です。娘さんのやり方を尊重して、見守りましょう。

子育て経験が豊富な祖父母から見ると、娘さんの育児はどうしても危なっかしくてつたないものに見えるかもしれません。しかし、育児の主役はあくまでも〝親〟です。娘さんのやり方を否定したり、あれこれ指図したりせず、**まずは温かい目で見守ってみてはいかがでしょうか？**

娘さんのやり方を尊重して、やさしいまなざしで見ていると、不思議と彼女なりに頑張っていることが見えてくるものです。実際、そのように思えたら、「頑張っているじゃない」「なかなかいいお母さんね」「元気に育っているよ」などと言ってあげましょう。

自分の親からそのように褒めてもらえば、娘さんはさぞかし元気付けられ、ホッとすることでしょう。子育て経験がない母親は「これでいいのだろうか?」と不安に思いながら育児をしていることが多いからです。褒めてもらうと、人は今まで言えなかったような失敗や、不安に思っていることを相手に相談しやすくなるものです。娘さんの方から育児に関していろいろ聞いてくるかもしれません。

また、忘れずにお婿さんの方も褒めてください。最近の父親は育児に積極的な人が多いので、例えば「あなたのおかげで娘がどんなに助かっていることか」「僕は仕事にかこつけて子どもの世話をまるでしなかったけど、君は偉いな」などと思っていることを伝えてみましょう。

昔の
子育て常識、
今の
非常識!?
4

「抱き癖」を心配する必要はない。どんどん抱っこしてOK

昔は赤ちゃんが泣いたからといってすぐに抱くと「抱き癖が付く」といわれましたが、今ではむしろ抱いた方がよいとされています。泣いていたら抱っこしてあやしたり、おっぱいを与える。これを繰り返すことで大切に思っていることが赤ちゃんに伝わり、安らぎを感じて、人への信頼感も養われていくのです。

Q 育児のことで、私がよかれと思って何か言うと、娘が怒り出します。

A 正しいアドバイスでも、言い方が悪いと反発されます。「提案型」にするなど、工夫してみましょう。

孫育ての主役は親なので、基本的にはあれこれ言わない方がよいのですが、子育て経験者から見て明らかに心配なことがあれば、アドバイスするのは当然でしょう。気を付けたいのは、伝えるときの言い方です。

例えば、孫の薄着が気になるとき、「こんな薄着じゃ風邪をひかせるわよ!」などと決め付けるような言い方をしたり、「もっと厚着させなさい」などと上から目線で言うと、娘さんはムッとして「いいの! お母さんは黙っていて!」などと言い返したくなるでしょう。

反対に「足がちょっと冷たいわね。長ズボンにした方がいいんじゃやない?・」などの提案型にすると、すんなりと受け入れてもらえそうです。

あるいは、自分の**失敗談を織り交ぜて言う**のも効果的です。ここでは多少脚色してもよいでしょう。「あなたが子どものころ、寒い日にうっかり薄着で外出したら、ひどい風邪をひいてね。39℃の高熱が出て、ウンウンうなって、それはかわいそうなことをしたのよ」と言えば、「えっ〜ひどい!」と祖母のダメぶりを苦笑しながらも、〝もう少し着せた方がいいかもしれない…〟などと思うものです。

孫の発達に関することは安易に言わない

「まだ歩かないけど、大丈夫?・」「話すのが遅いみたい」など、孫の発達に関することを安易に言うと親を不安にさせるかもしれません。

発達に関しては乳児健診でチェックを受けるはずなので、祖父母はあれこれ言わない方がよいでしょう。むしろ親が心配していたら**「大丈夫。そのうち止めても歩き出すから**(笑)**」などと不安を打ち消すようなこと**を言ってあげてはいかがでしょう。

マナーポイント

親にアドバイスするときは提案型にしたり、体験を織り交ぜて。決め付けや上から目線は逆効果。

親の気持ちを察して、思いやりを示す

娘や息子が孫を叱っているのを聞いていると、「叱り過ぎだな」「感情的になっているな」と感じることもあるかもしれません。

そのようなとき、「そんなに叱っちゃダメ！」などと非難めいたことを言ったり、孫に対して「ママ、鬼みたいでこわいね。葵くん、バアバのところへおいで」などと親を悪者にしたりすると、反発を招くだけでしょう。

何らかの事情でストレスがたまっていたり、内心では言い過ぎたと後悔しているかもしれません。むしろ親を**なだめるような言葉**をかけた方が素直に聞いてもらえるものです。「この年頃の子どもの扱いは大変よね」と共感を示し、「でも、賢い子だから、そんなに言わなくてもだんだん分かってくるわよ」などと話してみます。

祖父母の「ヒヤリハット」は必ず伝える

祖父母が、積極的に親に言った方がよいこともあります。それは**かつて自分の子育て中に経験した「ヒヤリハット」**です。孫がハイハイやヨチヨチ歩きなど、自分で移動できるようになったら、ぜひ伝えるようにしましょう。

ヒヤリハットとは、事故には至らなかったものの、「ヒヤリ」としたり、「ハッ」としたできごとのことです。医療現場や危険な作業をする現場では、これらのできごとを教訓として伝えることが事故防止につながるとされています。

子育ての現場でもヒヤリハットはたくさんあります。例えば「料理中に熱い鍋を持ち上げたら、ハイハイしたばかりの子どもが自分の足にまとわり付いてきて、本当に危なかった…」「まだ手が届かないと思っていた引き出しを開け、中のナイフを触っていた…」「マンションのベランダで洗濯物を干していたら、ヨチヨチ歩きの子どもが中からカギをかけてしまい、締め出された…」など、誰しも自分の子育て中に、いくつかのヒヤリハットを経験しているのではないでしょうか？「もしかしたら自分は子どものころに大やけどをしていたかも…」「ナイフで手を切っていたかも…」などと娘や息子が思えば、それが強い警鐘になるはずです。

ヒヤリハットや失敗談を話すときは、対策もセットで提案すると理想的です。この場合なら「台所に入れないようにベビーフェンスを付ける」「危険な物は高い場所に置く」「サッシに専用ストッパーを付ける」などがあげられます。「我が家の危険度」（74ページ）を参考に、対策を練ってみてはいかがでしょうか？

孫育ての極意

娘や息子には、自慢話や成功談ではなく、「ヒヤリハット」を伝える。それが有益な情報になる。

Q 同居、近居、遠居。それぞれの上手な付き合い方は？

A 同居、近居は息子夫婦や娘夫婦のプライバシーを守ることが大切です。遠居はお金がかかるので、計画的に。

親にとって同居の一番のメリットは、祖父母が孫の面倒を見てくれることだといわれています。同居している人の話では「正直、楽だった…」などという人が少なくありません。

その一方で問題になるのが〝プライバシーが守られにくい〟ことでしょう。うまくやっていくためには、**親たちと祖父母の寝室を離すことがカギ**になります。居間やキッチンを挟んで両脇に置いたり、1階は祖父母、2階は親たちにする、などの工夫をしたいものです。

また、寝室を離すだけでなく、**留守の間、寝室に勝手に入らないことも大**

切です。〝いない間に掃除をしてやろう〟などと思うことがあるかもしれませんが、本人たちに確認してからにした方がよいでしょう。寝室だけでなく、書斎など、親たちの専用の部屋がある場合も同様にします。

「近居」でもやり過ぎないことが大切

近居でも〝余計なことはしない〟ことがポイントになります。

例えば留守中、勝手にカギを開けて掃除や洗い物をやるのはもってのほかです。悩ましいのは洗濯物が干されていて、急に雨が降ってきたときかもしれません。嫁の場合はこのようなケースでも**「そう気軽に来てほしくなかった」**という意見があるぐらいなので、前もって確認しておくとよいでしょう。

またはLINE（ライン）などで連絡を取り、お嫁さんから「お願いします」などの返事があれば、取り込むようにします。「さすがに布団のときはうれしかった…」という意見がありましたが、そのくらい、勝手に入られるのは、自分の家の中を見て回られるような気がしていやなものなのです。

マナーポイント

勝手に、息子夫婦、娘夫婦の寝室や家の中に入らないこと。前もって許可を取ることが欠かせない。

「近居」では逆に親たちの立ち入りを制限

近居では、逆のパターンでトラブルになることもあります。**親と孫が祖父母の家に入り浸りになって、**祖父母が疲れ切ってしまうパターンです。

例えば土日ゆっくりしていると、息子が突然やってきて「急に出かけることになって」などと孫を預けて出かけてしまったり、「お客さんが来ちゃったから…」などと言って孫をおいていくのです。

たまにならしかたがありませんが、このようなことは少しずつ増えていきやすいもの。例えばある祖父母の場合は、娘がほぼ毎週末、孫を預けに来るようになりました。初めのうちは、共働きの娘夫婦のことを思いやって〝土日ぐらいゆっくりしたいだろうから〟と、預かっていたといいます。

しかし、自分たちのふだんの生活や趣味の時間まで犠牲にするようになり、〝これ以上は無理〟ということになりました。

そこで、娘が孫を突然連れてきても用事があることにして、夫婦で外出することにしたのです。「ごめんなさい。友達と約束しているから」などと言って出かけてしまいます。実際にはファミレスで食事だけして帰ってくることもあったといいます。**用事があるといえば角が立たないので断りやすかった**のです。

このような知恵の使い方もときには必要かもしれません。これは同居の場合も同様なので、参考にしてみてはいかがでしょうか。

「遠居」は一番お金がかかる！ 年間平均86万円也

遠居の場合は、祖父母が泊まりがけで息子夫婦や娘夫婦の家に行き、孫の面倒をみたり、家事を手伝うことが多いようです。子ども夫婦にしてみれば預けるよりも来てもらった方が、保育園や幼稚園、習い事を休ませずにすむので助かります。特に共働きの場合は、約6割が月1回以上の育児や家事のサポートを受けている[＊1]というデータもあります。頻度は少ないものの、宿泊して面倒をみることになるため、「同居」同様、相手のプライバシーを守るようにしたいものです。

また、遠居で問題になるのは、お金がかかることです。同居、近居と比べて高額で、年間平均約86万円[＊2]という報告もあります。これは、正月などに帰省する際の交通費や宿泊費を祖父母が負担するためと考えられます。老後の生活も考えて計画を立てて使うようにしましょう。

マナーポイント

親の都合で祖父母の家が託児所がわりにされるときは、用事を理由に断ると角が立たない。

＊1　出典「共働き家族とサポートする親　そのくらしと意識　調査報告書」（旭化成ホームズ株式会社くらしノベーション研究所　共働き家族研究所）。＊2　出典「園児とママのデータ vol.7」2009年度調べ（株式会社サンケイリビング新聞社）

Q 孫への出費、最初は少額でしたが、だんだん増えてきて困っています。

A 孫の成長とともに出費は増えていくものです。何にいくら使っているか「見える化」しましょう。

子世帯への援助額は意外に大きく、ばかになりません。サンケイリビング新聞社の調べ（2009年度）*によると、祖父母が子世帯（園児がいる家庭）に援助している金額は年間平均75万円、1か月あたり6万2500円に上ると報告しています。援助の内容で多かったのは、「七五三」「旅行代金」「誕生日祝い」で、金額で高かったのは「不動産の頭金」でした。

「うちではこんなに援助していないから」などと思う人がいるかもしれませんが、目に見えていないだけかもしれません。援助の範囲は非常に広く、右記以外にも次のようなものがあげられます。週末のレジャー代、レストランの飲食代、塾・お稽古事の費用、

*出典 「園児とママのデータ vol.7」2009年度調べ（株式会社サンケイリビング新聞社）

学費、出産・育児費用、ガソリン代、携帯電話・スマホ代、家賃、光熱費、食費、家や車のローンなどです。これ以外にもまだまだあるかもしれません。

前記の調べは園児がいる家庭の場合でしたが、**孫の年齢が上がるほど教育費や食費はかかるため**、援助額はこれよりさらに高くなる傾向にあります。

さらに孫は1人とは限らず、これから2人、3人と増えていく可能性もあります。

現役で働いている間はそれほど負担に思わなくても、引退して年金暮らしになれば、負担感はより大きくなるでしょう。

昔の子育て常識、今の非常識!? 5

祖父母に頼らず子育てできたのは、時代がよかったから

自分が子育てしていたときは、親に頼らずやりくりしていたのに…と思う人もいるかもしれません。しかし、それができたのは学費が安く、年収が年齢とともに上がっていたからです。今は教育にお金がかかり、年収は必ずしも上がるとは限りません。子世帯が頼ってくるのは致し方ないところもあるのです。

「見える化」「身の丈に合った暮らし」で解決

解決策としてはまず〝見える化〟することでしょう。現在、月に何をいくら援助し、年間にするといくらになるのか算出してみます。また、これから援助が必要な「子世帯」が増えそうな場合は、その金額もプラスします。今は独身でもこれから世帯を持つであろう息子や娘の分です。また、孫が増えそうな場合は、孫一人当たりにかかる金額×想定する人数分の金額も加えるようにします。自分たちの老後の資金を確保したうえで、これらの援助を孫が大きくなるまで続けられそうならまったく問題ありません。

しかし、どこかの時点で援助できなくなるのであれば、それを子ども夫婦に早く伝えることが必要です。援助がずっとあるものだと思って暮らしているからです。自分たちの年収で暮らせる「身の丈に合った暮らし」に早く立て直してもらうようにしましょう。

もっとも、今は教育にお金のかかる時代なので、「教育資金」に関しては可能であれば〝貸与〟という形で出してはいかがでしょうか。将来、孫が自分で食べていけるようになったとき、少しずつ返金してもらうように取り決めておくとよいでしょう。

孫育ての極意

教育にお金がかかる時代なので、可能であれば祖父母が「教育資金」を貸与するという方法も。

あるある みんなの体験談
●妊娠編

安定期に入る前なのに、姑が「孫ができたの」と周囲の人に触れ回りました…。

ママ談 35歳（専業主婦）

妊娠したため、夫から姑に報告してもらったところ、あっという間に、親戚や友人、近所の人にまで触れ回ってしまいました。安定期に入るまでは黙っていてほしかったのに…と思ってもあとの祭り。

姑は70歳で初孫になるため喜びもひとしおだったのかもしれませんが、もう少し配慮があってしかるべきと思ってしまいます。

ママにアドバイス 触れ回ってしまったものはしかたがないので、もし2人目を妊娠した際には「万が一ということもあるので、安定期に入るまではお義母さんの胸にしまっておいてください」などと伝えてはいかがでしょうか。もしくは、安定期に入ってから報告して「あとでがっかりさせてしまわないように、と思ったものですから…」などと言うようにします。

マタニティスイミングを始めたら、「そんなことして大丈夫？」と母が不安がります。

ママ談 29歳（会社員）

安定期に入り、マタニティスイミングを始めたところ、母が「そんなことして大丈夫なの？」と不安そうな顔をします。

「運動すると体重の増え過ぎを抑えたり、出産のためのスタミナアップに効果があるんだって」と言っても、「腰痛、便秘になりやすいけど、それにもいいんだよ」と言っても疑わしそうな目で見ます。

ママにアドバイス 医師の許可を取って行っているのであれば、まったく問題ありません。むしろ妊娠中の健康づくりに役立ちます。水中に浮かぶことでリラックスできるのでストレス解消にもおすすめです。お母さんには「お医者さんにもすすめられているから」などと伝えてはいかがでしょう。どのようなものか実際に見てもらえば、より安心してくれるかもしれません。

帝王切開で産んだら、姑に「一人前の母親になれない」と言われました…。

ママ談 40歳（会社員）

医師から通常のお産は難しいと言われて帝王切開で産みました。無事、出産したところ姑から「らくでよかったわね。でも、やっぱり産みの苦しみを味わわないと一人前の母親にはなれないのよね」と言われました。カチンときて「私もそうしたかったんですが、致し方ないことでした」と言い返しましたが、正直、引け目を感じています。

ママに アドバイス

医師が帝王切開をすすめたのはお母さんや赤ちゃんの命を守るために必要だったからです。帝王切開ならではの痛みやリスクもあり、「帝王切開の方がらく」ということはありません。それを乗り越えて出産しているわけですから、お姑さんにはむしろ「よく頑張ったわね」と言ってほしかったぐらいです。引け目を感じる必要はまったくありません。

予定日を過ぎても生まれなかったら、母親からライン攻めに…。

ママ談 25歳（会社員）

夫が休暇を取ってくれたので、里帰りしないで産むことにしました。予定日を過ぎても生まれなかったら、母から1日に何度も「様子はどう？」というLINEが送られてきました。「どう？」と聞かれても、初めての経験なので出産間近かどうかなんて分かりません。期待と不安で落ち着かないのだと思いますが、正直鬱《うっ》陶《とう》しいなと思いました。

ママに アドバイス

このような場合は「主治医にちゃんと診てもらっているから大丈夫」「翔さん（夫）が付いていてくれるから問題ないよ」「陣痛が始まったら、こちらから連絡するから」などのお母さんを安心させる言葉をかけるとよいでしょう。「お母さんが産むわけじゃないんだから（笑）少しは落ち着いてよ」などと笑いとばしてもよいでしょう。

女の子を出産後、姑に「次は男の子ね」と言われて「えっ?」と思いました…。

ママ談 37歳（会社員）

女の子を出産したところ、姑はとても喜んでくれましたが「次は男の子」と言われて「えっ?」と思いました。年齢的にこの子1人かもしれないという思いがあったからです。2人目ができればうれしいし、男の子であればいいなとは思いますが、こればっかりはどうしようもありません。気軽に言ってほしくないというのが正直な気持ちです。

ママにアドバイス 最初の孫は「無事に生まれてきてくれさえすれば…」と思うものですが、無事女の子が生まれて、お姑さんも欲が出たのでしょう。もし、聞き流すことができれば、それに越したことはありませんが、期待されて負担に思う場合は、正直に「私もそう思いますが、年齢的にどうでしょうか…」などと予防線を張っておきましょう。

産後すぐお祝いに来た舅が「ビールはないの?」と宴会を始めてイラッとしました。

ママ談 27歳（会社員）

産後すぐ自宅に舅と姑が出産祝いに駆け付けてくれました。ところが舅がお祝いだからと「すしを取ろう。ビールはないの?」と言い出したのです。姑が「産褥《さんじょく》期《き》で体を休めないといけないから、この次にしたら?」と諭してくれたのですが「自分で注文するから」と、宴会を始めてしまったのです。正直「早く帰れ!」と思いました。

ママにアドバイス お義父さんは産褥期の母親がどのような状態にあるのかよく分かっていないのでしょう。そこで「1～3時間おきの授乳でほとんど寝ていません」「やっと寝られるかと思うと赤ちゃんがわけもなく泣き出してヘトヘトです」などと訴えてみてはいかがでしょう。「ホルモンのバランスが悪いせいかイライラして困っています」と言ってもよいかもしれません。

あるある
みんなの
体験談

●里帰り出産編

仕事があるのに、娘から〝里帰り出産したい〟と言われて困ってしまいました…。

バアバ談　52歳（会社員）

娘から里帰り出産したいと言われましたが、私には仕事があって1か月も休めません。運悪く婿もその頃海外へ長期出張に…。結局、私が会社を1週間休み、あとの3週間は娘の家に通うことで乗り切りました。朝、娘の家に行って家事をしてから出社。退社後、再び娘の家に行って、家事をして自宅に帰るという毎日に、正直ヘトヘトになりました。

バアバにアドバイス

このような場合はプロに頼んでみてはいかがでしょうか。産後ドゥーラは産褥期に必要な家事や赤ちゃんの沐浴と世話、上の子の相手まですべてやってくれるのでおすすめです。料金は地域やそれぞれの産後ドゥーラによって異なりますが、1時間2500～3000円が目安になります。

◎一般社団法人ドゥーラ協会 https://www.doulajapan.com/

同居の嫁が里帰り出産しました。あちらに行ったきりでなんの連絡もなく疎外感が…。

バアバ談　67歳（専業主婦）

二世帯住宅に住んでいる嫁が里帰り出産したい、というので送り出しました。ところが実家に帰ったきり音沙汰なし。こちらから連絡するのもはばかられ、疎外感を感じていたところやっと無事出産したとの連絡がありました。嫁は出産で大変だったとしても、あちらのお母さんは経過を教えてくれることもできたはずとつい思ってしまいます。

バアバにアドバイス

この場合は、息子さんを通してあちらのお母さんに心配している旨を伝えてもらうと、うまくいったかもしれません。無事出産した後なら、直接お母さんに電話をして「おめでとうございます！　美穂さんは大丈夫ですか？」などと気遣うのもよい方法です。こちらからコミュニケーションを取ることで、先方も連絡しやすくなるはずです。

あるある みんなの体験談

●近居・遠居編

近所に住む娘が、育休中、たびたび遊びにくるので困りました…。

バアバ談　62歳（パート）

近所に住む娘が、出産後1年間育休を取っているとき、暇なせいか孫を連れてたびたび遊びに来ました。もちろん娘が来れば楽しいし、孫もかわいい。でも、私には仕事があるし、趣味のダンスや友だちとの付き合いなど、やりたいこともあります。結局、娘には言い出せませんでしたが、この時期の意外に大きな悩みでした。

バアバにアドバイス　“近居”や“隣居”でよく問題になるのが、この「孫を連れて頻繁にやってくる」ことです。うまく断るには、先に自分の予定を入れておくか、予定を入れたことにしておくとよいでしょう。「月、水、金はパート、火曜日はダンスだけど、木曜日なら１日空いているから、ゆっくりしていってよ」などと言えば納得してもらえるでしょう。

帰省する際の交通費を負担しています。でも、遊びのお金まで出すのは正直痛いです。

ジイジ談　62歳（無職）

私たち夫婦は九州、息子夫婦と孫（３歳）は東京に住んでいます。帰省する際の交通費は息子も大変だろうと思い、こちらで負担しています。帰省すると、皆で食事に出かけたり、遊園地に遊びに行きますが、その費用までこちらで負担するようになりました。現役を退き、貯金と年金で暮らしている身には正直痛いのですが、言い出せません。

ジイジにアドバイス　息子さんに相談して、レジャー費に関しては「割り勘にする」「自分の分は自分で出す」などの取り決めをしてはいかがでしょうか。その際、「貯金が減っていくのが不安で…」などと正直に伝えるとよいでしょう。子どもや孫への支援は、無理のない範囲で行うのが鉄則です。生活費や医療費、将来の介護費を確保したうえで援助したいものです。

あるある
みんなの
体験談

●こんなケースも

娘が流産してしまいました。「なぜ、私が？」と嘆き悲しみ**かける言葉がみつかりません…。**

バアバ談　67歳（専業主婦）

娘は「なぜ、私なの？」「ちゃんと産んであげられなくてごめん」「なんてダメな母親…」などと嘆き悲しみ、「あのとき無理をしたのがいけなかった？」「冷やしたせい？」と原因探しに終始しています。

なんと声をかけていいのかわからず、ただ娘に寄り添い、「そうだね、残念だったね…」という以外、言葉がみつかりません。

バアバに　アドバイス

この方のように、相手の気持ちに寄り添い「残念だったね」というのがいちばんよいでしょう。「私はダメな母親」などと嘆いたら、「短い間だったけど、お母さんをやれたじゃない？ よく頑張ったよ」などと肯定的な言葉をかけてもよいでしょう。一緒に原因探しにはまったり、「次があるわよ」「早く立ち直らないと」などと励ますのはNGです。

孫に障がいがありました。私にできることは何だろうと、日々、思い悩んでいます。

バアバ談　72歳（自営業）

自分の孫に障がいがあるなんて…と、初めは受け入れることができませんでした。しかし、おろおろしている息子を見ていると「私が力にならないと…」「何ができるだろうか？」と思うようになりました。

嫁は当初ぼうぜんとしていましたが、「自分がこの子を守らずに、誰が守るの？」という気持ちに切り替わっているようです。

バアバに　アドバイス

障がいがあった場合は、早い段階で専門家の力を借りることが大切です。両親だけではどうしようもないことが多いからです。障がい児の発達を助けるためには、一人の名医よりも、複数の医師やカウンセラー、理学療法士などがチームを組んで診た方がよいとされています。まずは地域の「こども（小児）医療センター」に問い合わせてみましょう。

2章

行事編

孫の成長を祝うときは

「孫の行事」には、どのようなものがあるのでしょうか。「主な行事のやり方」と「ご祝儀金額の目安」、親や先方の祖父母との「上手な付き合い方」をご紹介します。

年代別

「孫のお祝い事」一覧

お母さんのおなかにいるときから小学校入学までの間に行う、一般的な「孫のお祝い事」を時系列でまとめてみました。あくまでも目安ですが、お祝い金の金額や、どのような物を贈ったらよいか、その例もあげています。参考にしてみてはいかがでしょうか。

帯《おび》祝い

戌《いぬ》の日に安産を祈願する

妊娠5か月目

いつ?⬇妊娠5か月目（16～19週ごろ）の戌の日。

どんなお祝い?⬇安定期に入る5か月目の戌の日に安産を祈願して行われる。犬はお産が軽いことから、戌の日に執り行われるようになった。儀式では「岩田帯《いわたおび》」と呼ばれる腹帯《はらおび》を巻くが、この役目をかつては仲人や子宝に恵まれた親しい人が果たした。今は母親や姑、夫が巻くことが多い。産婦人科で指導してくれる場合もある。

いくら包む? 何を贈る?⬇妊婦の実家からは岩田帯、祝い酒などを贈る。祝い金は1～3万円を目安に「酒肴料《しゅこうりょう》」などとして包む。夫側からの祝い金は5000円～1万円程度。

お七《しち》夜《や》

赤ちゃんの名前を決める

誕生7日目

いつ?⬇生まれた日を含めて7日目。

どんなお祝い?⬇赤ちゃんの名前を決めて、健やかな成長を祝う。命名書を神棚に供えたり、床の間や赤ちゃんのベッドの上に飾ったりして祝う。

いくら包む? 何を贈る?⬇出産祝いをすれば祝い金は不要。

＊「孫のお祝い事」は地域によって異なる場合があります。

1か月

出産祝《いわ》い

無事、誕生したことを祝う

いつ？⬇退院から生後1か月ぐらいまでに。

どんなお祝い？⬇無事に出産できたことを祝い、母親をねぎらう。

いくら包む？ 何を贈る？⬇祝い金は5～10万円を目安に「御出産祝」などとして包む。ベビーカーやベビーベッド、チャイルドシートなどの必要なものを贈ることもある。里帰り出産している場合は、里帰り中の食費やベビー用品費を負担することで、お祝いにすることもある。

1か月

お宮参り

健やかな成長を祈る

いつ？⬇誕生日から1か月前後。酷寒や猛暑なら日延べ可。

どんなお祝い？⬇地域の神社に参り、氏子《うじこ》の一人として認めてもらう儀式。今では赤ちゃんの健やかな成長と幸福を祈願して行われる。お祓《はら》いを受けて祝詞《のりと》を上げてもらうが、参拝するだけでも構わない。本来は父方の母親が抱いて参拝するが、現代ではこだわらなくなっている。参列者の服装は礼装か略礼装だが、参拝だけの場合は平服のこども。両家でドレスコードを決めておくとよい。

いくら包む？ 何を贈る？⬇母方の実家からは赤ちゃんの祝い着を贈る。父方の実家からは神社への「御玉串料《たまぐしりょう》（御初穂料《はつほりょう》）」5000円～1万円を払って、お祝いとすることが多い。

100日目

お食《く》い初《ぞ》め

一生困らないように祈願

いつ？⬇誕生日から100日目、あるいは110日目、120日目。

どんなお祝い？⬇「一生食べることに、困らないように」と祈願して行われる儀式。祖父母あるいは長寿の近親者が「養《やしな》い親《おや》」となって

初節句

生まれて初めて迎える節句

3月3日、5月5日

赤ちゃんに食べさせる真似をする。かつては祝い膳用の漆器に赤飯、尾頭付きの鯛《たい》などの祝膳を用意したが、今では家族で気軽に祝うのが一般的。この機会に離乳食用の器を用意してもいい。

いくら包む？ 何を贈る？⬇祝い膳の器を贈る場合は母方の実家から。「お食い初めセット」として販売しているものもある。お食い初めに招かれたときは「祝御食初」などとして1万円を目安に包む。

いつ？⬇生まれて初めての節句。女の子なら3月3日、男の子なら5月5日。生後1か月を過ぎていない場合は翌年にすることもある。

どんなお祝い？⬇男児の「端午の節句」はたくましく成長することを願い、女児の「桃の節句」は健康で幸せになれるように祈願する。

いくら包む？ 何を贈る？⬇母方の実家から、男児には武者人形やこいのぼりを、女児にはひな人形を贈る。両家で話し合って分担することも。祝い金の場合は1万円を目安に「初節句御祝」などとして包む。

初誕生

赤ちゃんの満1歳を祝う

1歳

いつ？⬇1歳の誕生日前後。

どんなお祝い？⬇満1歳の成長を祝う儀式で、地方によってさまざまな祝い方がある。赤ちゃんに餅を背負わせたり、踏ませたりする「力餅」という儀式を執り行うところも。

いくら包む？ 何を贈る？⬇祝い金は1～2万円を目安に「初誕生御祝」などとして包む。この時期に必要なものを贈ることもある。

七五三

3歳、5歳、7歳で祝う

3、5、7歳

いつ？⬇3歳、5歳、7歳になる年の11月15日前後。

どんなお祝い？⬇子どもの健康と幸福を祈願して神社で祝詞をあげてもらう。男児は5歳で、女児は3歳と7歳で祝うことが多い。地方によっては数え年のところもある。参列者の服装は礼装か略礼装だが、参拝だけの場合は平服のことも。両家でドレスコードを決めておくとよい。参拝のあと食事会を開くのが一般的。

いくら包む？何を贈る？⬇祝い金は1～2万円を目安に「祝七五三」などとして包む。盛大にお披露目する場合は祝い金が10万円以上になる場合も。七五三の着物一式（あるいは洋装一式）を贈ることもある。

入園・入学

幼稚園や小学校へ上がる

進学前

いつ？⬇入園、入学の1か月～1週間前くらい。

どんなお祝い？⬇幼稚園や小学校への入園、入学を祝う。家族で食事会を開くのが一般的。

いくら包む？何を贈る？⬇園や学校で必要になるものを贈る。祝い金を贈る場合は5000円～2万円を目安に「御入園御祝」などとして包む。

お遊戯会・運動会・発表会

活躍ぶりを見て成長を祝う

会当日

いつ？⬇お遊戯会、運動会、発表会当日。

どんなお祝い？⬇子どもがお遊戯やかけっこなどを披露する会。子どもの活躍ぶりを見て、成長を祝う。

いくら包む？何を贈る？⬇見に行くこと、応援することが一番のプレゼントになる。ごほうびとして子どもが欲しがるものをあげても。

＊祝い金は高額なので、孫に直接ではなく親に渡すようにしましょう。

Q お宮参りや七五三などの行事で、祖父母は何をしたらよいのでしょう?

A 一つ一つが、孫の一生に一度しかないお祝い事。成長を祈りつつ、祝ってあげましょう。

母親のおなかの中にいるときの「帯祝い」に始まり、「お七夜」「お宮参り」など、1歳の誕生日を迎えるまでの間、赤ちゃんのお祝い事は目白押しです。乳児の死亡率が高かった時代には1週間、1か月、1年と、日を重ねるたびに成長を感謝して祝っていました。その願いは元気に育つ赤ちゃんが増えた現代でも同じです。**節目節目に孫の成長を感謝して、楽しくお祝い**しましょう。

最近は、しきたりにのっとった祝い方を省略するケースも多くなっています。例えば帯祝いやお七夜を省いたり、お宮参りはするものの、どちらかの祖父母の家が遠方にあるなどの理由で両家がそろわないことも珍しくありません。また、初節句や初誕生を

〃自分たちと赤ちゃんだけで祝いたい〃という親も多いもの。簡単にすませるのは寂しい気もしますが、親の考え方を尊重して、こちらの意見を押し付けないようにしたいものです。

1歳までは、行事の面でも親をいたわって

一方、親がしきたり通りの行事を望むなら、スムーズに進むようにぜひ協力してあげましょう。**伝統やしきたりを子や孫に伝えるのは、祖父母の役目でもあります。**「私はこう教わったのよ」などと、正しいやり方を伝授してはいかがでしょうか。この時期、親は手のかかる赤ちゃんに振り回され、慣れない育児に疲れ切っているかもしれません。行事の準備などで何か手助けをすることはないか、たずねてみるとよいでしょう。

なお、お七夜は生後7日目で、母親はまだ安静を保たなければいけない時期。調子がよさそうにみえても、名前を書いた紙を持って撮影する、などにとどめましょう。お宮参りも、気候や母親と赤ちゃんの体調優先で予定を立てるようにします。

マナーポイント

「孫のお祝い事」では、親の考えを尊重して、こちらの意見を押し付けないようにする。

幼稚園の行事に参加する際は、親に相談を

初誕生を過ぎると、七五三や入園祝い、卒園祝いまで大きな行事はありませんが、誕生日のお祝いは欠かさないようにします。**内孫、外孫のへだてなくお祝いしましょう。**会えないときにはプレゼントだけでなく、電話などで「大きくなったね」などとおしゃべりすると孫も喜んでうれしくなります。

幼稚園や保育園への**入園は、子どもにとって大きな飛躍のとき**です。お兄ちゃんになった、お姉ちゃんになった記念に幼稚園や保育園で役に立つものを選ぶとよいでしょう。親と相談して、必要なものを贈るようにします。

入園式や卒園式に参列したいときは、まず親に確認してからにしましょう。親は入園式を〝親子だけで祝いたい〟などと思っているかもしれません。また、園によっては参列者の人数が決まっていて、祖父母まで受け入れられないこともあります。その場合はがっかりせずに「あとでビデオを見せてね」などと頼んでおくとよいでしょう。

幼稚園の運動会やお遊戯会では、次のことに注意したいもの。親は我が子の出番をチェックしたり、ビデオの準備に忙しく、祖父母に構っている余裕はありません。会場では親たちに付きまとわず、自力で応援したり、鑑賞して楽しみます。

会が終わったら、孫に「結衣ちゃんがいちばん歌が上手だった」「陽太は３番だった

けど最後まであきらめなかった。見上げたヤツだ」などと、自分の言葉で思いっきり褒めてあげましょう。**褒められて自信が付くと、子どもはさまざまなことに、前向きになれる**ものです。

発表会は見に行くことがいちばんのプレゼント

最近は習い事を始める年齢が低年齢化して、3歳で始める子どもが多く、4歳では7割以上の子どもが何らかの習い事をしているといわれています。水泳、英会話、ピアノ、サッカー、幼児教室などが人気のようです。習い事の発表会や試合も大事な行事の一つです。

招かれた場合は、**見に行くことが最良のプレゼント**になります。小さな花束や、孫が好きなお菓子を持参しても喜んでくれることでしょう。

終わったら「新くんのアシスト、すごかったね」「花ちゃんがあんなに踊れるだなんて、バアバ知らなかったなぁ…」などと、**末はサッカー選手かバレリーナかというくらいに褒めて**あげます。

孫育ての極意

運動会やお遊戯会では思いっきり褒めてあげることが孫を成長させる。親たち以上に褒めよう。

Q ご祝儀はいくら包めばよいのでしょう？ 先方の祖父母とのバランスも気になります。

A 金銭感覚はそれぞれの家で異なるもの。相場を目安に、無理のない範囲で贈ればよいでしょう。

孫のお祝い事で、お祝い金をいくら包めばよいのか…悩ましいところです。先方の祖父母が包むご祝儀との釣り合いを考えると、さらに悩みは深くなります。

基本的には世間でいうところの「相場」でよいのではないでしょうか。出産祝い金は5～10万円、初節句の祝い金は1万円、七五三は1～2万円が目安になります。節句飾りなどの祝いの品に関しても、どちらの実家から贈るのが一般的か、目安があるので参考にしてみましょう（54～57ページ）。

とはいっても、その「相場」や「目安」が揺れ動くことも現実としてあります。**例えば先方との金銭感覚が大きく異なる場合**です。

相手が手広く商いをしている商家、こちらがサラリーマンだと、商家はご祝儀の桁が一つ多く、サラリーマン感覚では付いていけないこともあるでしょう。また、先方は一人っ子で初孫、こちらは3人きょうだいの末っ子で孫はすでに4人目。こんなことも金銭感覚に違いが生じる理由になります。

さらに、子どもの行事は**地方によっても異なります。**

よく知られているのが七五三の祝い方です。茨城、千葉の一部では、結婚披露宴会場を借りて招待客を呼び、盛大にお祝いする習慣があります。この場合、かかる費用は数百万円に及ぶそうです。

昔の子育て常識、今の非常識!? 6

虫歯がうつる! 自分の箸で食べさせては絶対ダメ

お食い初めの行事(55ページ)が終わり2〜3か月もすると実生活での離乳食が始まります。その際、自分の箸や食器で孫に食べさせるのは絶対にやめましょう。虫歯の原因である虫歯菌は経口感染することが明らかになっています。たとえ自分に虫歯がなくても、口内に虫歯菌がいるのでやってはいけません。

祝い金を出すお財布には限界がある

異なる暮らしをしてきた二つの家族が集まってお祝いをするため、違いが出てくるのは当たり前と考え、親とよく相談して、金額やお祝いのしかたを決めるとよいでしょう。先方との違いは「こんなやり方もあるのね」「こういう考え方もあるのか」と、好奇心を持って、**違いを楽しむくらいの余裕で臨みたい**ものです。どうしても自分たち流に行いたい場合は、改めてお祝いの場を設けるという方法もあります。これならあまり角が立たずにすむでしょう。

また、場合によっては、親に自分たちのお財布事情を話しておくことも必要かもしれません。

初孫の場合、うれしくてつい「いいよいいよ」と太っ腹なところを見せてしまいがちですが、孫が4人、5人と増える可能性もあります。いくらかわいい孫のためとはいえ、無理すれば自分たちの経済が破綻しかねません。**「これだけしかできないのよ」などと宣言しておくこ**とも必要でしょう。

みんな、どうしてる？

「初節句」の費用の負担割合

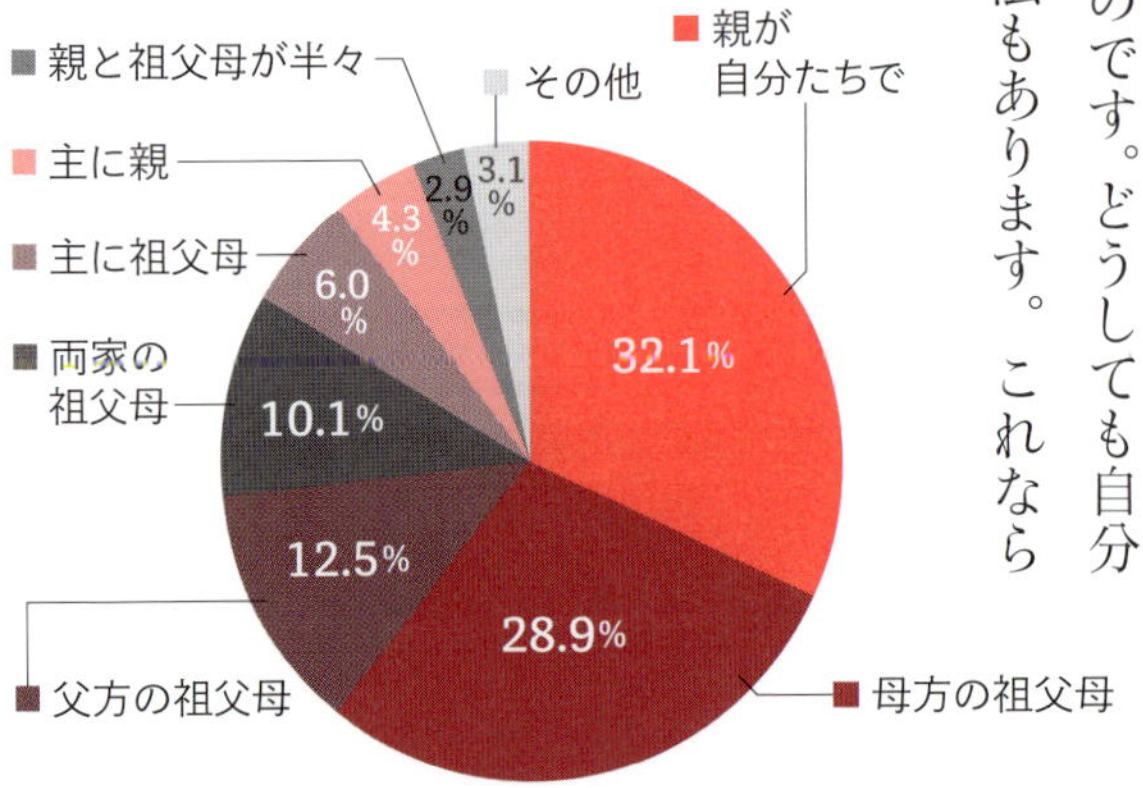

＊出典　はじめての妊娠のあなたをサポート「プレママタウン」
https://www.premama.jp

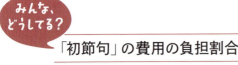

●行事のお金編①

嫁の実家からお祝い事のたびに高価な品が…。うちではそれだけのことができません。

バアバ談 52歳(パート)

嫁の実家は裕福で、里帰り出産していたにもかかわらず、出産祝いとして50万円もいただきました。

その後も初節句には豪華な武者人形とお祝い金10万円が…、1歳の誕生日には北欧製のおもちゃと10万円のお祝い金が贈られてきました。うちの主人は普通のサラリーマンで、私はパート。それだけのことができません。

バアバにアドバイス

双方の実家の金銭感覚が異なることはよくあることです。このような場合、経済的に余裕のある方がそうでない方に合わせてくれるとよいのですが、先方の祖父母はこの差に気付いていないようです。無理して合わせる必要はなく「そんなに余裕がないからこれだけね」などと息子さんに説明して、できる範囲で心をこめて祝ってあげれば十分です。

孫のお祝いをやりたいのに、先方の祖父母が経済的に大変らしく、何もできません。

ジイジ談 67歳(無職)

孫のお祝い事だけは、人並みに皆で祝ってあげたいと思っています。しかし、嫁の実家は経済的に大変らしく、行事らしいことに参加してくれません。

もうすぐやってくる初誕生や七五三には、せめて食事会ぐらいは開きたいのです。先方の分をこちらで負担しても構わないのですが、失礼のない言い回しが思いつきません。

ジイジにアドバイス

先方の分まで負担してしまうと、先方は肩身が狭くてせっかくのお祝いを楽しめないかもしれません。お金のかからない会にしてはいかがでしょうか。「子ども連れなのでファミレスで食事会を開いては…と思っております」などと誘ってみます。高級店でなくても、お孫さんに会って楽しく過ごせれば、思い出に残るお祝いになるでしょう。

●行事のお金 編 ②

100万円の初節句祝いを、全額武者人形につぎ込んだ娘。あきれてフォローもできません。

バアバ談 60歳（パート）

両家にとって初孫で、しかも男の子。初節句は張り切って、両家で計100万円のお祝い金を贈りました。「これからのことに役立ててね」と何度も言ったのに、娘は武者人形に全額つぎ込んでしまったのです。

なんでも有名な作家のものだそうで、私にはその価値が分かりません。先方のご両親にも申し訳ない気持ちでいっぱいです。

バアバにアドバイス 娘さんにとっては、ずっと温めてきた初節句のプランだったのでは？　その気持ちを分かってあげたいものです。お祝い金をどう使うかは、娘さん夫婦の自由のはずです。「そうはいっても…」という気持ちがある場合は、今後、お祝い金の額を抑えて、自分が役立ててほしいと思うもの（例えば教育資金など）に小分けにして贈ってはいかがでしょうか。

息子夫婦から「初節句の飾りは不要。すべて現金でほしい」、と言われてしまいました。

バアバ談 69歳（無職）

晩婚の息子夫婦に女の子が生まれて大喜び。初節句のお祝いをどうするか、息子夫婦に相談したところ「節句飾りは一切いらない、現金でほしい。今後もすべてのお祝い事は現金で」と言われてしまいました。もちろんお金は必要だし、何に使うかは息子たちが決めればよいことですが、あまりにもドライ過ぎて、寂しくなります。

バアバにアドバイス このようなドライな親は増えているようです。それだけ今後の生活に不安があるのかもしれません。お孫さんのお祝いの品を選ぶ楽しみは奪われてしまいましたが「本当にほしい物、必要なことに役立ててもらえる」ともいえるでしょう。孫に贈る楽しみは、おもちゃやおやつなど、ふだんのちょっとしたプレゼントで味わいましょう。

あるある みんなの 体験談
地域差編

うちは関東、婿の家は関西。お祝い事のやり方が違って正直、驚きました…。

ジイジ談 64歳（会社員）

お祝い事のやり方が地方によって異なるのは知っていたものの、実際、体験してみると驚くようなことがいろいろあります。お宮参りで紐銭《ひもせん》と呼ばれるお祝い金を産着にたくさんぶら下げたり、5月の初節句に柏餅を持参したら、あちらでは粽《ちまき》が一般的だったり。孫は関西で暮らしているので、関西式で構わないのですが、少し違和感を覚えます。

ジイジにアドバイス　昔から子どもは育った土地の風習や文化を身に付けて成長したものです。風習や文化の伝承という意味でも大切なことでしょう。お孫さんが関西で暮らしているのであれば、関西式のお祝いでよいのではないでしょうか。ただし「関東式も知ってほしい」ということでしたら、遊びに来たときなどに、もう一度祝ってやるという方法もあります。

孫の行事は、七五三の披露宴だけ。他の行事がおざなりに…。

バアバ談 61歳（専業主婦）

嫁の実家では、その地方特有の七五三があります。披露宴会場を借り切って、式次第も招待客もご祝儀も、まるで結婚披露宴のように盛大です。招待されたときは本当に驚きました。

それもあってか、他の行事にまったく無関心です。私たちは普通の行事を普通に祝ってあげたいのですが、さりげなくうまくやる方法を思い付きません。

バアバにアドバイス　盛大な七五三に対するお礼を述べたうえで、「七五三ではすっかりお世話になりましたので、入学祝いはこちらで何か考えたいと思いますが、いかがでしょう?」などと切り出してみます。もし先方が参加できなければ、自分たちだけでお祝いをすればよいでしょう。お祝いの様子は息子さん夫婦を通して、報告してもらってもよいかもしれません。

●「家」にまつわる問題編

「本家」を振りかざす婿の家。孫の行事にも干渉して困っています…。

バアバ談 59歳（パート）

娘の夫は長男で、実家は本家なのだそうです。両親が何かにつけて〝本家〟を振りかざし、孫の行事についても干渉してきます。しきたりにのっとったものにしたいと言うのです。

娘も文句が言えないようで「おかあさんごめんね」などと気遣ってくれます。うちはしきたり云々《うんぬん》ではなく、ただ楽しく祝ってやりたいのですが…。

バアバにアドバイス　このような場合は、口を出さず、先方のやり方で行事を執り行った方がよいかもしれません。何よりも娘さん本人がそれに従っているからです。娘さんの立場を守ることにもつながります。こちらはこちらで別に食事会を開くなどして、楽しい雰囲気の中、お孫さんの成長を祝ってあげてはいかがでしょうか。

内孫への祝い金だけ高額。実の親が孫に差を付けるなんて信じられません。

ママ談 26歳（専業主婦）

先日、兄嫁と話していたら、実家からもらったお祝い金の話になりました。どうやら私の両親は、兄の子どもである「内孫」にはお祝い金をはずんでいるようなのです。私の子どもは「外孫」のせいか、ずっと少ないのです。そんなことで差を付けるなんて信じられません。実の親でもお金のことは言い出しづらく、もんもんとしています。

ママにアドバイス　内孫とは跡取りの夫婦から生まれた子どもで、外孫とは嫁がせて姓が異なる娘夫婦や息子夫婦から生まれた子どものことです。内孫、外孫を区別する人はまだまだ多く、その意識を変えることは難しいでしょう。お子さんが祖父母から受ける愛情はお金だけではないはず。一緒に過ごす時間を増やして、愛情をたっぷり注いでもらいましょう。

運動会・お遊戯会 編

孫の運動会に招待されました。親戚一同が集まるとのこと。何をしたらよいか分かりません。

ババ談　70歳（専業主婦）

息子夫婦から、孫が通っている幼稚園の運動会に招待されました。当日は、先方の祖父母や叔母たちも応援に来るとのこと。孫を含めて総勢9人になります。

この地方の運動会では、親戚一同が集まる、という風習があるようです。お弁当は嫁が朝5時起きで9人分用意すると張り切っています。この状況で手ぶらで行くのもはばかられます。

ババに アドバイス

息子さんやお嫁さんに何か手伝うことはないか、ざっくばらんに聞いてみるのがよいでしょう。飲み物の用意、場所取り、搬入・搬出など、何か手伝えることがあるかもしれません。特になければ、息子さん夫婦に相談のうえ、運動会後の食事会の費用を負担したり、頑張ったお孫さんに何かごほうびを買ってあげたりしてはいかがでしょうか。

姑から〝お遊戯会に行きたい〟と言われて困っています…。

ママ談　30歳（会社員）

姑から「悠真くんのお遊戯会に行きたい」と言われて困っています。当日はママ友と約束があり、ビデオ撮影を分担したり、打ち上げをする予定です。姑のことを構っている余裕はありません。夫は仕事で参加できず、あてになりません。このままの勢いでは舅も来てしまいそう…。この状況をどう説明したらいいのか困っています。

ママに アドバイス

正直に「その日はビデオ撮影や打ち上げがあってお構いできないんですけど」などと話してみましょう。「それなら遠慮するわ」と言われたら、後日ビデオ上映会を開いたり、録画を送ると喜ばれるはずです。「それでも行きたいの」と言われたら、当日「お構いもできませんで」と気遣いつつ、ママ友に紹介して、姑とは別行動をとります。

あるある
みんなの
体験談

●こんなケースも

高祖母、曾祖父母、祖父母が祝い事に必ず参加。たまには家族だけでお祝いしたいです。

パパ談 23歳（会社員）

わが家では高祖母《こうそぼ》、曾祖父母《そうそふぼ》が健在で、息子の行事に口を出し、必ず参加します。お宮参りはワゴン2台、総勢10人で出かけ、誕生会は曾祖父母の家で盛大に祝います。ありがたいことですが、私と妻は誕生日くらい家族3人で祝えないものかと思っています。でも必ず高祖母が「今回が最後かも…」などと言うので無視もできません。

パパに アドバイス 曾祖父母、さらには高祖母にも祝ってもらえる子はそうそういないのではないでしょうか。成長してからその話を聞けば、自分のファミリーヒストリーを知ることができて、感慨深いものがあるかもしれません。また、これがあと何十年も続くわけではないでしょう。家族3人のお祝いは、別の機会に設けてはいかがでしょうか。

嫁は外国人です。初節句や七五三に、まったく関心を示してくれません…。

バアバ談 68歳（専業主婦）

うちの嫁は外国人です。よく働くし、私たちにも気配りしてくれますが、日本の行事にはまったく無関心。孫の初節句や七五三も「忙しいので…」と省略してしまいました。さすがに年越しだけはわが家に来て、一緒に祝うようになりましたが…。無理強いしたくはありませんが、できれば一緒に孫の成長を祝ってあげたいのです。

バアバに アドバイス お嫁さんは初節句や七五三がどういうものかよく分からないので簡単に省略してしまうのかもしれません。それぞれの行事の意味や由来を説明して、理解してもらうことです。また、お嫁さんの母国の行事を一緒に祝いたいと申し出てみては…。相手の文化に敬意を払うことで、こちらの行事も尊重してくれるようになるかもしれません。

3章

育児編（1）

預かるときのルールづくり

実際に孫を預かることになったら、どうしたらよいのでしょうか。親との「預かるときのルールづくり」から、年齢別「今どきの育児のやり方」までご紹介します。

Q 孫を預かるとき、前もって娘と決めておいた方がよいことは何でしょう？

A ミルク、食事、おむつ替えなどの世話のしかたとともに費用の負担をどうするか、決めるようにします。

お孫さんを預かるときは、まず事故に遭わないよう、家の中に危険なところはないかチェックしましょう（74ページ）。次に、ミルクや食事の与え方、おむつ交換やトイレのさせ方などの世話をどのようにしたらいいか、娘さんと打ち合わせを行います。いつも使っているミルクやおむつがある場合は、それも用意してもらいましょう。

最初に預かるときは3時間ぐらいからスタートさせると安心です。たった3時間でも、赤ちゃんならミルクやり、おむつ替え、あやして寝かし付けるなど、一通りの世話が必要になります。これで問題なく預かることができれば、半日、まる1日と延ばしてもそれほど心配はいらないでしょう。

1歳半以降であれば、もう大人とほぼ同じ物が食べられるので、初回から半日ぐらい預かれるかもしれません。いずれにしても、最初は短めにして、慣れてきたら少しずつ延ばしていくと負担が少なく、娘さんも安心して預けられるはずです。

「いつでも預かるわよ」などといい顔をしない

定期的に預かる場合は、曜日や時間、回数も決めなくてはなりません。気を付けたいのは、「いつでも預かるわよ」などといい顔をしないことです。そんなことはできないだけに、あとあとトラブルになりかねません。お孫さんをめぐる付き合いは、これから長く続くだけに決して無理をしないことです。**ご自身の生活も大切**にして、できる範囲で引き受けるようにしましょう。

お金の面でも線引きを行います。定期的に預かるとなると、おむつ代などいろいろ費用がかかります。祖父母だから孫にかかった費用は負担すべき、などという話はないはずです。娘さんと話し合って、子守り代はいらないけど**かかった費用は出してもら**うなどの取り決めをしておくとよいでしょう。

孫育ての極意

最初に預かるときは3時間から。半日、まる1日と少しずつ増やしていくとスムーズにいく。

我が家の危険度

Q 孫を預かる前にチェックしておきたい家の中の「危険な箇所」とは？

A

まず水回り、火の回り、段差、ベランダをチェック！電化製品、日用品にも危険な物がいろいろあります。

チェックしてみよう！

部屋

- **階段・玄関・縁側**……落ちるおそれがあるので柵を置く。
- **浴室・トイレ**……風呂の残り湯で溺れたり、熱湯でやけどをしたり、トイレに落ちるおそれがあるため、扉を閉めておく。また、バスタブ、洋式トイレにはふたをする。
- **シンク・ガス台**……周囲に踏み台になるような物を置かない。ガス台のスイッチを回さないようにロックする。鍋は手の届かない奥の方に置いておく。シンクの扉は簡単に開けられるので、包丁の収納場所を変える。
- **引き出し**……危ない物、小さい物が入っている場合は、手の届かないところに移動するか、ロックなどで開けられないようにする。

- ☑ ベランダ……●勝手に出ないようにサッシのカギを閉め、手が届かないところにもカギを付ける。洗濯物を干している間、孫にカギをかけられて締め出されないように、ストッパーも付けておく。

電化製品

- ☑ 温風ヒーター……●低温やけどをするおそれがあるため、周囲に柵を置く。
- ☑ 洗濯機……●中に入ってしまうおそれがあるので、ふたを閉めて周囲に踏み台になるような物を置かない。
- ☑ アイロン・電気ポット……●手の届くところに置かない。
- ☑ 電気コード……●首に巻いたり、引っかけて転んだりするおそれがあるので、巻き込んで収納する。もしくは、じゅうたんの下や家具の陰に隠す。
- ☑ コンセント……●コンセントにピンなどを入れるおそれがあるので、市販のカバーでふたをする。

日用品

- ☑ 玄関マット・スリッパ……●つまずいたり滑ったりするので、しまっておくか、マットを固定する。
- ☑ 洗剤・せっけん……●口に入れるおそれがあるため、手の届かないところに置く。
- ☑ ポリ袋・レジ袋……●かぶって窒息するおそれがあるため、手の届かないところに置く。
- ☑ ゴルフバッグ・スキー板……●少し触るだけで倒れてしまう危険性があるので片付ける。
- ☑ 観葉植物……●土や葉を食べるおそれがあるので、別の部屋へ移動するなどして片付ける。

テーブル

- ☑ テーブル……●出しっぱなしにしたたばこ、灰皿、薬、指輪、はさみ、かみそり、マッチ、ライター、化粧品などは片付ける。テーブルクロスは端を引っ張り、テーブルの上の物を落とす危険性があるので使わない。もしくはクロスの端をテーブルに巻き込んで、たらさないようにする。

Q 突然、熱を出したり、頭をぶつけたとき、どうすればよいでしょう？

A 緊急かそうでないかを見極め、慌てずに対処しましょう。主治医の連絡先を携帯などに登録しておくと安心です。

ここでは、よくある子どもの病気とケガを取り上げ、処置のしかたと、自宅で様子を見るべきか、病院に連れて行くべきか、その目安を紹介しています。お孫さんを預かる前に一通り目を通しておくと安心です。

病気 発熱 けいれんを起こしたら要注意

熱があるときは、ジュース、お茶、乳幼児用のスポーツドリンクなどを飲ませて脱水を防ぎ、赤ちゃん用の氷枕をタオルでくるんで頭を冷やすようにします。悪寒で震えているときは温かくし、発汗し始めたら冷やしましょう。38℃以上の高熱なら脇の下も冷やすとともに病院で診てもらうようにします。

夜間に熱がかなりあっても、元気にしているようなら朝になるのを待ってから病院へ。発熱とともにけいれんを起こしたら、衣服を緩め、平らなところに寝かせて顔を横向きにします。吐いたときに気道が詰まらないようにするためです。多くは2～3分で治まりますが、急性脳症や髄膜炎の可能性もあるので、夜間でもすぐに病院を受診しましょう。ただし、熱性けいれんの既往があり、診断が付いている場合は必ずしも受診しなくてもよいでしょう。

また、夜間でも機嫌が悪い、激しく泣く、ぐったりしている、苦しそうなどの症状があれば、すぐに病院や小児救急電話相談などに連絡して指示を仰ぎます（79ページ）。

病気 嘔吐 元気にしていれば心配はいらない

吐きそうなときは、気道が詰まらないように体を横向き、あるいは頭を下向きにして吐かせましょう。吐いたあと、元気にしていればあまり心配はいりません。ゆっくりと白湯や乳幼児用のスポーツドリンクなどを飲ませて水分補給を行います。

ただし繰り返して吐くときには、なるべく早く医師に診てもらうようにします。

誤飲や熱中症による嘔吐が疑われる場合はすぐに病院へ。熱中症では発熱、むずかる、熱性けいれんを起こす、おしっこの量が減るなどの症状を伴うので目安にしましょう。

育児のやり方

事故 誤飲など 飲み込んだ物に合わせた対応を

【口】コイン、ボタンなどの異物を飲み込んだら、頭を下向きにして吐き出させます。手のひらの付け根で、肩甲骨の間を強めに素早く4～5回叩《たた》くとよいでしょう。

灯油、アロマオイル、マニキュアを飲んでしまった場合は、吐き出すときに誤嚥《ごえん》して、肺に炎症を起こすおそれがあるため、すぐに救急車を呼んでください。ボタン形電池を飲み込んでしまった場合は、消化管に穿孔《せんこう》する（穴があく）ことがあるので、やはりすぐに救急車を。画びょう、くぎも同様です。

【鼻や耳】鼻や耳に異物が入ったときは、無理に取ろうとすると、逆に押し込んでしまうことがあるので、病院で取ってもらいましょう。鼻に異物が入って苦しそうにしていたら、すぐに救急車を呼んでください。

【目】目の異物はこすらずに水で洗い流します。充血がひどいとき、目が開けられないときはすぐに病院へ。また、洗剤や薬品が入ったときは大量の水で洗い流してから早く病院に連れていきます。

事故 やけど すぐに流水や氷で冷やすこと

やけどをしたら、まず流水や氷で20～30分、痛みがなくなるまで冷やし続けます。冷却シートはやけどには適しません。服を着たまま広範囲に湯を浴びるなどした場合は、服の上から水をかけて冷やすようにします。

やけどの範囲が子どもの手のひらより広い場合、関節や手のひらなどの動かす部分をやけどした場合、やけどした部分が白あるいは黒に変色している場合はすぐに病院や小児救急電話相談などに連絡して指示を仰ぎます（下記）。

ケガ　打撲・出血　頭を打ったときは要注意

打撲で怖いのは頭を強く打ったときです。けいれん、嘔吐、手足が動かない、徐々に反応が鈍くなる、打った部分がへこんでいる、出血が止まらないなどの症状がある場合は、すぐに救急車を呼びましょう。

手や足を打撲して出血したら流水で傷を洗い、清潔なガーゼやタオルなどをかぶせ、上から圧迫して止血します。血が止まったら傷用ばんそうこうや包帯で傷を覆いましょう。傷の周囲が赤く腫れる、熱を持つようなら感染が疑われるので病院に連れていきます。出血が多いときは洗わずに、上から圧迫して止血しつつ、すぐに病院へ。

鼻血が出たときは鼻血を飲まないように下を向かせます。鼻の真ん中をつまんで圧迫して止血しましょう。頚の後ろを叩いたり、鼻に綿を詰めたりしないこと。15分程度やっても止まらない場合はすぐ病院に連れていきます。

【緊急連絡先】 主治医の連絡先は携帯電話などに登録しておく。

▶**小児救急電話相談　＃8000**

▶**救急相談センター　＃7119**

（いずれも自治体によって対応時間が異なるので事前に調べておく）

Q 50歳代の会社員。忙しくて、引退した先方の祖父母のように孫を預かれません。

A 一口に祖父母といっても年代も、健康状態も、生活環境もさまざま。できる範囲でやればよいのではないでしょうか。

50歳代の現役世代の祖父母であれば、忙しくて、引退した先方の祖父母のように孫の面倒をみてあげられないのも当然でしょう。頼まれたときだけ週に1回だけとか、月に1回だけとか無理のない範囲で孫の世話をすればよいのではないでしょうか。また、**現役世代なら経済的に支援する**ことで、〝孫育て〟に参加できるかもしれません。例えば「預かることはできないけど、保育園の保育料を一部負担するわよ」などと、無理のない範囲で手助けできることを提案してみましょう。

一口に祖父母といっても50歳代、60歳代、70歳代以上では、ライフスタイルが大きく異なります。50歳代であれば、会社員だったり、パートをしていたり、商売をやっていたりして自由な時間はあまりない…という人も多いことでしょう。

体力、気力のある60歳代はいちばん孫育てできる年代

60歳代になれば、働いている人がいる一方で、リタイアして時間に余裕ができる人も出てくるころです。健康であれば、まだまだ体力、気力のある年代なので、孫育てがいちばんできるかもしれません。

70歳代以降になると仕事をしている人は少数派になるものの、病気があって思うように手助けできない…、家族の介護で忙しい…など、別の理由で孫育てに参加できない人も多くなってくるころでしょう。

祖父母の年代になると、それぞれがさまざまな事情を抱えて生活しているものです。〝どうしてあちらのバアバは、孫の面倒をちっともみてくれないのかしら。いつも預かるのはうちばっかり〟などとつい思ってしまいがちですが、〝先方には先方の事情があるのだろう〟などと**おもんぱかる**ことができれば、自然にいい関係が築けるはずです。

マナーポイント

祖父母の年代になるとそれぞれ事情がある。相手をおもんぱかれば人間関係もうまくいく。

祖父の力も借りる

Q 若いころ、主人は子育てに無関心でした。そんな夫でも〝孫育て〟できますか？

A そういう男性ほど〝孫育て〟が新鮮で楽しくなるようです。まず簡単なことから頼んでみましょう。

祖父母世代は、夫が外で働き、妻は家庭を守るというライフスタイルだった人が多く、「おむつ一つ取り替えたことがない」という夫も少なくありません。たとえ共働きだったとしても育児をするのはもっぱら妻で、夫はときどき〝協力〟する程度。そのような家庭も多かったのではないでしょうか。

あれから20年、30年たった今でも、孫の世話を妻が一手に引き受けていると、〝若いときと違って、疲れるのに…〟などの不満が少しずつたまって〝孫疲れ〟になりかねません。妻だけが頑張るのではなく、夫にも力を発揮してもらい、一緒に〝孫育て〟をしてはいかがでしょうか。気が向いたときだけかわいがるような無責任なかかわり方ではなく、互いに連携して孫の面倒をみるようにします。とはいっても「何をしたらいいか分からない」という夫もいるかもしれません。まず妻は夫に**簡単なことをワンポイント・リリーフ**で頼んでみては。近所へ買い物に行っている間だけ孫をみてもらう、保育園の送り迎えだけ頼む、などから試してみます。

一人で3時間、孫の面倒をみられるようにする

慣れてきたら、預ける時間を少しずつ長くしていきます。一人で3時間孫の面倒をみられれば立派なイクジイです。また、孫と近くの公園に行く、児童館に行くなどの外出する機会も増やしてみましょう。もちろんその都度、妻は夫におむつ替えや泣き出したときの対処法など、基本的な育児のテクニックをきちんと伝えるようにします。

〝子どもの世話なんかやったことがなかったから、新鮮で楽しい〟と感じる夫は意外と多そうです。

場数を踏むことで、育児に不慣れだった夫も立派な育児のパートナーになってくれることでしょう。妻だけに大きな負担がかかることもなくなるはずです。

孫育ての極意

祖母だけが孫の世話を一手に引き受けず、祖父の力も借りる。育児が楽しいと感じる祖父は多いもの。

さらに、祖父に期待できるのは、孫の社会性を養うことです。長い間外で働いてきた祖父だからこそ、**社会人としてのルールや人との接し方を冷静に論理立てて孫に伝える**ことができるはずです。

「お店のものは勝手に触ってはいけないよ。大切な売り物で、お店の人はこれで生活をしているんだ」とか、「人に何かしてもらったときは、必ず〝**ありがとう**〟とお礼を言うんだよ」などの社会のルールや接し方を孫に教えてくれることでしょう。

また、孫は〝褒めて育てる〟のが基本ですが、祖父母で褒め方が違ってくるというメリットもあります。

祖母なら「悠真ちゃんよくできたわね〜。バアバ、ビックリした」などと褒めるところを、祖父なら「よくできた！　君が頑張っていることはジイジがよく知っているぞ」などと、子ども扱いせず、新入社員を褒めるように声をかけるかもしれません。どちらの褒め方も孫にはうれしく、励みになるはずです。

「孫育て」がきっかけで、夫婦の絆が強くなることも

夫婦で孫育てをしていると、祖父母にとってもよいことがあります。まず、夫婦の話題や会話が増えて、コミュニケーションをよく取るようになることです。

夫の方は〝子どもの面倒をみるのは大変なもの。これを一人でやっていたとは…〟などと気付き、**妻へ感謝の念**を抱くことが多いといいます。

妻の方は、目を細めて孫の面倒をみる夫を見て〝案外やさしいところがあるのね〟などと、見直すかもしれません。

かつて自分たちが子育てしているときは忙しさのあまりすれ違っていた二人が、やり残したことを取り戻すように〝孫育て〟をする。そして、いつの間にか**夫婦の絆も強くなる**。そんな思わぬ効用も孫育てにはあるのかもしれません。

昔の子育て常識、今の非常識!? 7

育児は「母親の役割」から「父親も分担」する時代に

一昔前、育児は母親の役割とされ、父親は時間があれば協力する程度でした。父親の役割はむしろ経済的、精神的に支えることでした。しかし、現在はフルタイムで働く母親が増えて育児は夫婦で分担するものになりつつあります。まだ母親が負う部分の方が多いものの意識は大きく変わっているのです。

Q 娘の勤務中、孫を預かっていますが、それが当たり前という態度に腹が立ちます。

A 〝娘の負担を少しでも減らしてやりたい〟という親心が分かれば、娘さんにも感謝の念が生まれるはずです。

娘さんからみれば、親は子どものときからずっと自分の面倒をみてくれたので、それが当たり前と思っているのでしょう。親はいつも「子どもファースト」「孫ファースト」でいてくれるもの、と無邪気に考えているのかもしれません。

一方、親にしてみれば、仕事や育児で大変そうな娘の負担を少しでも減らしてやりたいという親心で手伝いを買って出ているのに、それを当たり前のように思われては、いら立ちを覚えるのも当然でしょう。

無理をして、このまま続けていると、そのうち娘さんとの間に亀裂が生まれかねません。

実際、我慢し切れなくてキレてしまい、初めてそこで娘や息子が親心に気付くというケースをそこかしこで聞きます。

家族会議を開いて、無理のない範囲で手助けを

一度、娘さん夫婦とよく話し合ってみてはいかがでしょうか。今後どのような働き方をしたいのか、ずっと働きたいのか、それとも子どもが小さい間はできれば仕事をセーブしたいのか、などの希望をよく聞くようにします。

そのうえで、自分たち夫婦がどこまで手助けできるのか、無理のない範囲を伝えるとよいでしょう。

「毎日では体力的にきついけど、週に2日なら預かれるよ」「保育園に入れてくれるなら、その送り迎えはできそうだ」などと具体的に提案します。「いつならできる」「これなら手伝える」と、限定することで、**親にも自分の生活があって、フルタイムで孫育てができるわけではないことを分かってもらいましょう。**

親がやりくりして手伝いを買って出ていることに気付けば、娘さんにも感謝の念が生まれるはずです。

マナーポイント

「これなら手伝える」と限定することで、親にも用事や都合があることを子どもに分からせる。

孫を預かると、炊事や洗濯も付いてくる

孫を預かる際、「孫の世話だけ」と思ったら大間違い。もれなく付いてくるのが炊事や掃除、洗濯などの家事一般です。これにかかる手間や時間もバカにならないので、考慮しておいた方がよいでしょう。

例えば、自分の家で1歳半以降の孫を預かるとなると、**孫の食事やおやつの用意**も必要になることがほとんどです。離乳期が過ぎて、大人と同じ物が食べられるようになっても娘や嫁が子どもの食事の用意まで気配りする余裕はなさそうです。

また、自分たち夫婦だけなら掃除は週に1回でよくても、ハイハイやヨチヨチ歩きの孫や、アレルギーのある孫が来るとなると、ほこりを吸い込まないように、**毎日、掃除機をかけたり、拭き掃除をする**必要が出てくるかもしれません。

食べこぼしたり、おもらしした際には、**服やタオルの洗濯**や、ソファや床の掃除も必要になります。

そのうえ娘や婿の夕食まで用意する事態に…

さらに、孫を迎えにきた娘に「夕食まだなの？　食べていく？」と聞いたら、以来い

つも夕食を食べて帰るようになった…。そのうえ、婿まで付いて来るので心底疲れた…、などという話は珍しくありません。

はっきり断わればいいようなものですが、娘から「ダンナも呼んでいい？ 家に帰って一人で食事をさせるのはかわいそうだから…」などと言われれば、なかなか断りにくいものです。

そのため孫を預かると、このような負担も付いてくることを想定して、預かる日数を抑えたり、預かり方を決めておくと、余裕を持って娘夫婦や、孫に接することができるでしょう。例えば孫の世話はしても、娘や婿の夕食まで用意できない場合は、**「体がしんどいので、大人の分の夕食の支度はもうできないわ」**などと体力のなさを理由にすると、断りやすくなります。

食費が負担になっていて、はっきり言い出しにくい場合は、他人の話から入るとよいでしょう。

「お隣では、お婿さんが〝うちの家族の食費はこちらで持ちますので…〟と申し出てくれたんだって。**あなたのうちも材料費を出してくれると、お母さん、すごく助かるわ」**などという流れなら、切り出しやすくなるのではないでしょうか。

マナーポイント

孫を預かると、育児以外に炊事、掃除、洗濯も増える。体力のなさを伝えて限度を決めておく。

Q 生まれたばかりの孫がいます。この時期の世話のしかたを教えてください。

A 「よしよし」「かわいいねえ」などと優しく語りかけることで、愛情をたっぷり注ぎましょう。

生まれてから1か月の赤ちゃんは、昼夜に関係なくおなかがすくと泣いておっぱいを欲しがり、飲むと眠るという生活です。生後2か月になると目で物を追うようになり、「あ～う～」などの喃語《なんご》を発するようになります。人の顔を見て笑いかけることも。3か月近くなると首がすわってきて手足をバタバタさせるなど動きが活発になります。

この時期は「よしよし」とあやしたり、抱っこしたり、「葵ちゃん、かわいいねえ」「悠真くんおしゃべりができて、偉いねえ」などと話しかけることで、愛情をたっぷり注ぎましょう。

ミルクをあげるときは横抱きにして、哺乳瓶を顔に垂直に立てて、吸い口を深くくわえさせます。こうすることで空気を飲み込みにくくなります。飲み終わったら立て抱きにして背中を軽く叩《たた》いてげっぷをさせましょう。

またミルクを作るときは哺乳瓶を消毒することを忘れずに。最近は電子レンジでスチーム消毒できる専用の容器や、哺乳瓶を浸すだけで消毒できる消毒液があります。

最近の紙おむつは快適だが、まめにおむつ替えを

おむつを替えるときには、**おしっことうんちをしっかり観察したい**ものです。半日以上おしっこが出ていないときや、おしっこが赤色のとき、赤いうんち、白いうんち、黒いうんちは病気のサインかもしれません。親に報告したり、かかりつけ医に相談するようにします。

また、赤ちゃんにとっておむつかぶれは大敵です。今はむれない紙おむつがありますが、それでもおむつかぶれになることが…。予防にはこまめにおむつを替えるのが一番です。かぶれてしまったら、こすらずに優しく洗い流したあと、赤ちゃん用の保湿オイルやベビーローションを塗って肌を保護します。

孫育ての極意

赤ちゃんは抱っこされたり、あやされたり、話しかけられることで、愛情を感じてすくすくと成長する。

ベビーバスでの沐浴は二人がかりがおすすめ

けっこう重労働になるのが赤ちゃんの「ベビーバスでの沐浴」。親たちの手を借りられないときは、祖父母二人がかりで入れてはいかがでしょうか。寒い時期なら部屋を暖めて、着替えは着せやすいように広げておきます。

赤ちゃんの皮膚は薄いので長湯、熱い湯は禁物です。38〜40℃の湯で10分程度を目安に、ガーゼで優しく体を洗うようにします。

沐浴後は水分をしっかりふいて、ベビーローションなどで肌を保湿します。かつてはパウダーを使いましたが、**毛穴に詰まって湿疹になるおそれがあるので、最近はローションやクリームを使うのが一般的**です。

生後2か月を過ぎたら大人と一緒に入浴できるようになります。毎回湯船の中を洗って湯を入れ替え、衛生面に気を付けましょう。一緒に入る大人は先に全身をせっけんで洗っておきます。赤ちゃんはのぼせやすいので、洗う時間と湯船につかる時間両方合わせて10〜15分程度ですませるようにします。

赤ちゃんの寝る時間と沐浴《もくよく》、入浴のタイミングがうまく合わないときは、無理に毎日入れることはありません。汗をたくさんかく時期でも、ぬらしたタオルでふいてあげるだけで十分です。

生後1か月を過ぎたら、外気浴を始めましょう。**温度差や風、日ざしなどを感じて皮膚を強くする**レッスンの開始です。

まずは部屋に風を通します。2、3日したら窓の近くやベランダで外気に触れさせます。1週間たったら10〜30分庭や家の周りに出てみましょう。

おくるみにくるんで抱くか、ベビーキャリアを使いますが、生後2か月になればベビーカーも使えるようになります。

「結衣ちゃん、そよ風が気持ちがいいねえ」などと優しく話しかけながら外出デビューしましょう。

昔の子育て常識、今の非常識!? 8

沐浴後は水でなく母乳を与える。離乳準備は不要に

沐浴後、かつては水を与えていましたが、今では母乳だけで十分と考えられています。ミルクで育てている場合は生後1か月過ぎて欲しがるようなら水をあげましょう。また、3〜4か月で与えていた離乳準備の果汁も不要に。その分、母乳やミルクの摂取量が減って低栄養になるおそれがあるからです。

Q 寝返り、ハイハイ、立っちの時期の孫育てで、気を付けたいことは？

A 離乳食で食べる楽しさを教えたり、いないいないばあや追いかけっこなどでたっぷり遊んであげたいものです。

3か月から1歳の赤ちゃんは動きが活発になって、ますますかわいくなる時期です。3〜6か月では首がすわって寝返りができるようになり、あやすと笑い、声のする方に首を動かして、興味があると見つめるようになります。手でつかんで何でも口に入れるのもこの時期から。6〜7か月ぐらいでお座りができて、7〜8か月にはハイハイをするようになり、そのあとつかまり立ちを始めます。歯が生え始めるのもこのころです。

離乳食を始めるのは5〜6か月ごろ。大人が食べるのをじっと見て欲しそうにしていたら、離乳食開始のサインです。このころに赤ちゃんを預かるなら、最初は食べ慣れている離乳食を親に準備してもらった方が安心です。慣れてきたら、ベビーフードなどもうまく利用して、おっぱい以外にもおいしいものがたくさんあることを教えましょう。7～8か月では粒のある物を、9～11か月では形のある物を噛《か》んで食べられるようになります。1日に2回離乳食を与える「2回食」になったら、一緒に食事をして食べる楽しさを覚えさせましょう。子どもの「孤食」が問題になっている今、この時期から一人で食べさせないことがコミュニケーションづくりに大切といわれています。

牛乳、卵のアレルギー対策と、虫歯の予防法

かつては食物アレルギーの原因となる卵などは、早い時期から与えない方がよいといわれていましたが、むしろ早い時期から与えた方がアレルギーになりにくいことが明らかになっています。親と相談してから与えるとよいでしょう。

また、歯が生え始めたら虫歯にならないように飲食後ガーゼなどで歯みがきをして、甘い物は控え、食後に水を飲ませるようにします。虫歯菌（ミュータンス菌）が子どもにうつる原因になるので、口移しや大人と箸や食器を共有するのはNGです（63ページ）。

孫育ての極意

離乳食を始めたころに孫を預かる場合は、親に離乳食を準備してもらった方が安心。

人見知りは赤ちゃんの成長に必要な発達段階

人見知りや夜泣きが始まるのもこのころです。たまにしか会わない祖父母だと顔を見たとたんに泣かれるかもしれません。これは見慣れない人には警戒する知恵がついてきた証拠です。無理やり抱っこしたりせず、あやす程度にしておきましょう。時間がたてば慣れてきて、抱っこもできるようになります。

また、この時期になると頻繁に夜泣きする子も出てきます、これも成長過程の一つとあきらめて、親と一緒に泣き止ませ法を探ってみてはいかがでしょう。しっかり体を密着させて抱いてみたり、静かに歌ってみたり、夜風に当たってみたりします。

動きが活発になるこのころは、**ケガや誤飲などの事故が起きやすい時期**でもあります。生後4か月ごろから家庭内での事故が起こるようになり、6か月～1歳では死因の1位に上るほどです。事故が起きないように家の中をしっかりチェックしておきましょう（74ページ）。

「いないいないばあ」もできるように

遊びの範囲もいっきに広がります。寝返りができるようになったら、ゴロンゴロンとゆっくり転がしてやったり、足を持って軽く自転車こぎなどの赤ちゃん体操をしてみては。

おすわりができるようになったら「いないいないばあ」や「どっちに入っているかな」などの遊びができるようになります。喜んで何度でもやりたがるはずです。

ハイハイの時期にはボールなどの転がるおもちゃで遊んだり、後ろからハイハイで追いかけたりすると大喜びするでしょう。

首がすわれば、車でのお出かけも可能に。後部座席のチャイルドシートに乗せ、泣いたり、ぐずったときにも困らないように、大人が隣に乗ると安心です。

昔の子育て常識、今の非常識!? 9

赤ちゃんの日光浴、浴び過ぎも避け過ぎもNG！

かつて行われていた裸の日光浴は将来、シミが増えるためタブーに。しかしその結果、ビタミンD不足による「くる病」が1～2歳の子どもに増加傾向となり、今では適度に日光を浴びることが推奨されています。日常生活で散歩や買い物に出るとき、手足を出しておくとよいでしょう。

1歳の育児

Q 初誕生（1歳の誕生日）を迎えました。今、孫にいちばん必要なことは何？

A おしゃべりにしっかり付き合い、芽生えた自立心、探求心を育てることではないでしょうか。

初誕生を迎えると、子どもは急にいろいろなことができるようになります。言葉に関しては、「ママ」「まんま」などの意味のある一語をしゃべるようになります。早い子だと2歳になるころには「ジュース、ほしい」「おやつ、もっと」などの〝二語文〟になり、質問にも答えられるようになります。意思や自立心も芽生えて、「イヤ」となったらテコでも動かないことが少なくありません。

子どもの語彙を増やしてコミュニケーション能力を上げるためには、**しっかり聞いて**あげたうえで「凛ちゃんジュースが欲しいのね？」「どのおやつがもっと欲しいの？」などと**返してあげる**ことが欠かせません。気持ちや時間に余裕のある祖父母なら、口の回らない孫の話でも最後まで根気強く聞いて言葉を返してあげられるはずです。

言葉が遅い場合は心配になるかもしれませんが、こちらが話すときに顔を見ている、喃語《なんご》を話す、しゃべろうとしている様子がみられるならばまず心配はいりません。実際、こんな例も。姉は言葉が早かったのに妹はなかなか言葉が出てこないため、心配していたところ、夕食でいきなり「私もお茶ちょうだい」とはっきり話して、それからはしゃべるしゃべる。「言葉をためていたみたい」とはその子のバアバの弁。発育のしかたは一人一人異なるのです。

食事は大人と同じ物が食べられるようになる

食事はほとんど大人と同じ物を食べられるようになります。ただし、大人と同じ味付けだと濃過ぎるため、調理の段階では**薄味にして**大人は食卓でしょうゆをかけるなどするとよいでしょう。歯はまだ生えそろわず、あごやのども未発達なので、詰まりやすいこんにゃくゼリーなどは避け、固形物は**小さく刻んで**与えるようにします。

孫育ての極意

孫が話しているときは、しっかり聞いて、言葉を返してやると、語彙が増えて会話能力が付いてくる。

安全を確保したうえで、探究心を満たしてあげる

運動面でも1歳は成長著しい時期で、伝い歩きからよちよち歩きを経て、一人で歩けるようになります。歩くようになると、あっちに行きたい、上ってみたい、下りてみたいなどとさまざまな欲求が出てきて、いつのまにか一人で階段を下りたり、ベランダに出たり、外に行ってしまったり、などということが起こります。

手先も器用になって、摘まむ、めくる、押す、引っ張るなどができるようになるため、いつのまにか窓のカギを開けていたり、電気のスイッチ、コンロのダイヤルを回していたりすることがあります。

転落、交通事故、やけどなどの事故に遭うおそれが高くなるので、今一度家の中のリスク点検を行いましょう（74ページ）。**安全をしっかり確保したうえで、自由にさせて、探求心や冒険心を満たしてあげる**ようにします。

一方、なかなか歩かない子の場合もそれはそれで心配になるかもしれませんが、言葉同様、個人差があるため、あまり気にしないことです。ハイハイや伝い歩きを思う存分やらせてあげましょう。その子の中で準備が整うと、トコトコと歩き始めるものです。

祖父母世代が子育て中よく利用していた「歩行器」は、事故の心配もあってか見かけなくなりました。歩行器はおもちゃであって、使うと早く歩けるようになるという効果

はありません。

　この時期は、活発な動きでおむつもずれやすくなります。紙おむつならテープをしっかり留める、左右のギャザーを立てる、パンツ型に替えるなど、ポイントを押さえて漏れを防ぎましょう。

　このころになると、幼児用の教育番組やアニメにも興味を持つようになります。15分だけなどと時間を決めて見せるとよいでしょう。2歳以下の子どもに長時間テレビを見せると、周囲とのコミュニケーションが減り、初期の語彙《ごい》数が少なくなるなどの影響が出ることが分かっているため、つけっぱなしにしないようにします。

昔の子育て常識、今の非常識!? 10

かつての「断乳」はほとんどなくなり、今は「卒乳」がメインに

「断乳」とは親が時期を決めて母乳をやめさせる方法です。以前は1歳までに断乳していましたが、今では自然に飲まなくなるまで母乳を与える「卒乳」が推奨されています。卒乳は赤ちゃんを精神的、情緒的に安定させると考えられているからです。大半が1〜1歳半までに飲まなくなりますが、幼児期まで甘え飲みすることもあります。

Q 何でも「自分でやる」「自分でやる」と言って聞きません。

A 自己主張が強くなる時期ですが、思うようにできなくて癇癪《かんしゃく》を起こすことも。根気よく見守ってあげましょう。

2歳になると1歳代に比べて探究心や自己主張がさらに強くなります。発達してきた手指を使って、何でも自分でやりたがるかもしれません。洋服を着る、ボタンをはめる、靴を履く、箸を使う…などなど、時間がかかっても、**手を出さずに見守り**たいものです。できたら「よくできたね!」などと思いっきり褒めてあげましょう。

自分でやろうとしているのに、「何グスグズしているの。バアバに貸してごらん」などと先回りするのは禁物です。そのようなことを続けていると子どものやる気を奪ったり、自尊心を傷付けてしまうおそれがあります。また、思ったようにできなくて奇声を発したり、物に当たったりしたら「物を投げてはいけない」と諭しつつ、「ちょっと難しかったわねえ」などと言って、子どもの悔しさに寄り添ってあげます。

ときには、わざと先に食べてしまう駆け引きも

乳歯が生えそろう時期でもあり、食べられる物が増えていきますが、かむ力はまだそれほど強くないので、硬い物は小さく切るなどして、食べやすくしてあげましょう。

好き嫌いが出てきて食べないときは「いらないいならバアバにちょうだい」などと言って、サッと食べてしまうという方法もあります。子どもも警戒して、次からはさっさと食べるようになるかもしれません。反抗期で食べないときも、先に食べてしまい「あれ、欲しかったの？」などといなしてもよいでしょう。

あれを食べろ、これを食べろとうるさく言い続けると、食卓が〝食べることを無理強いされる場所〟になって嫌気が起きることも。ときには「もう終わりにしようか？」と早めに切り上げることも必要です。

ご飯をおいしく食べられるようにするために、おやつは時間を決めて与え、食事の1時間前から何も食べさせないようにしましょう。

孫育ての極意

何でも自分でやりたがる時期。孫のペースに合わせてじっくりと付き合ってあげる。

おむつが取れた当初は失敗も。仕上げが必要

2歳はおむつがそろそろ取れる時期でもあります。おむつが取れた当初は、遊びに夢中になってトイレに間に合わない…などということがたびたび起こります。2〜3歳児のトイレの回数は1日7〜9回なので、**2時間を目安に「おしっこに行く?」など声をかける**とよいでしょう。

うまくいかないときは、日ごろの様子を見て、トイレに行きたくなるタイミング、例えば食後、遊びの合間、お風呂の前などに声をかけるようにします。念のため、**出かけるときは着替えを余分に持っていく**と安心です。

最近は普通のトイレに子ども用の補助便座を付けて、おまるを使わない親も増えています。最初から大人用に慣れさせたい、おまるはあと始末が面倒、などがその理由ですが、子どもが無理なくできる方を選びたいものです。補助便座では、男の子も女の子と同じように座っておしっこをさせます。そのままだとおしっこが外に飛び出してしまうので、おちんちんを下向きにするように教えましょう。

トイレで上手にできたら「さすが2歳になると違うね」などと褒めてあげます。**おまるやトイレで用を足したらバアバやジイジが喜んでくれる、自分もうれしい!** という気持ちを持たせることがポイントです。

お風呂での楽しみも増えてきます。一緒にゆったりとつかって歌ったり、10まで数えたり、手のひらで水を飛ばす「水鉄砲」などで遊んであげましょう。そろそろシャンプーハットを使って洗髪もできるようになります。

「湯船に入る前は、お尻をきれいに洗おうね」などのお風呂でのマナーも教えたいものです。

なお、だいぶんしっかりしてきたので、つい目を離しがちですが、この時期はまだ**湯船で溺れる**ことがあるので注意が必要です。湯の量が少なくても油断できません。とにかく**目を離さない**ことです。

昔の子育て常識、今の非常識!? 11

トイレトレーニングは必要なし。できるようになるまで「待つ」やり方に

昔は1歳半ぐらいからトイレトレーニングを始めたものですが、今は自分で「おしっこ!」などと教えるようになるまで待つやり方に変わってきています。幼稚園入園までにおむつを取る必要がある場合も、教え込むというよりは、トイレのしつけ関連の絵本などで興味を持たせ、楽しく進めることが第一になっています。

Q 3歳になったら悪さばかりしています。叱るときのコツを教えてください。

A 叱るときは端的に。なぜいけないのか子どもにも分かるように説明しましょう。

3歳になると自分でできることが急に増えてきます。着替えやトイレ、食事を一人でできるようになり、運動面では三輪車をこいだり、片足けんけん、でんぐり返しなどができるようになります。「お名前は？」「いくつ？」などと聞かれれば、「すずきりこ」「3しゃい」などと答えられるようになります。行動範囲が広がって自由に動いたり、話すようになれば、ご質問のように叱る機会も増えてくるものです。特に、人としてしてはいけないこと、危険なことをしたときは**強い言葉で叱りましょう**。

例えば、お友達を押し倒したり、噛《か》み付いたりしたら、その場ですぐに「そんなことをしてはダメ」と厳しく叱るとともに、「お友達がかわいそうでしょ」「危ないからやってはいけない」などと分かりやすく教えるようにします。エスカレーターを逆走するなどの危険な行為もその場ですぐに「やめなさい！」と叱るとともに、「大ケガをするからダメ」などと理由をきちんと付け加えます。叱るときのコツは子どもと真剣に向き合うこと、いつまでも叱らずに**30秒程度でサッと切り上げること**です。

この時期は、「うんち」「おしっこ」「おちんちん」などの言葉をわざと人前で言うこともあるでしょう。しつこく言う場合は「やめなさい」などと注意しますが、言いたい年頃なので**軽く受け流したり、取り合わずにいても**よいかもしれません。

挨拶、お礼などの社会的なルールも教える

そろそろ社会的なマナーやルールも教える時期です。挨拶やお礼の言葉を必ず言うこと、知らない人について行かない、知らない人から物をもらわない、知り合いから何かもらったら親や祖父母に報告するなど、その場その場で教えるようにします。親たちから教わっているかもしれませんが、祖父母からも聞くことで、大事なことなんだと感じてくれるはずです。

孫育ての極意

叱るときは、孫と真剣に向き合い、いつまでも怒らずに30秒程度で切り上げること。

孫の不満をきちんと受け止めてやる

話す能力が付いてくると、話題も多岐にわたるようになります。保育園や幼稚園から帰ってきて先生やお友達のこと、今日習ったことなど、いろいろ話してくれるようなら、**じっくりと聞いてあげましょう。**さらに「どうして、蓮くんはそう思ったの?」「陽菜ちゃんだったら、どうしたい?」などと聞き返すことで、考える力や表現する力が付いてきます。

また、幼いながらに、親に対する不満が出てくる時期でもあります。例えば、積み木で遊んでいたら、弟が邪魔しに来たので「ダメ」と言ったら、泣き出してしまい、かえって親に叱られた…などというケースがあったとします。そんな話を孫がしてくれたら、「それはママの思い違いかもねぇ」などと理解を示してあげましょう。

きちんと受け止めたうえで、「ママは新くん(弟)が邪魔したことを、知らなかったのかもよ」「今度は、今みたいに説明してみたら?」「ママも間違えることがあるから、許してあげたら?」などと、返してあげるとよいでしょう。

祖父母にきちんと聞いてもらうことで気がおさまり、「許してあげたら?」などと言われることで自尊心をくすぐられて納得するかもしれません。あとで母親や父親に報告すれば、けんかを仲裁する際の参考にもなりそうです。

3か月未満の育児編

孫が泣くと、嫁が抱き上げてあやしつつ強く揺さぶるので心配です。

バアバ談 58歳（パート）

うちの孫は癇の強い子で、すぐ泣いたり、なかなか泣きやまなかったりして世話をするのが大変です。そのせいか、嫁は抱っこしてあやすとき、前後にかなり強く揺らしています。「あまり強く揺さぶらない方がいいんじゃない？」と言うと、「こうすると泣きやむんです」とのこと。でも、体に悪影響がないか心配です。

バアバにアドバイス 赤ちゃんを強く揺さぶるのは非常に危険な行為です。頭が重いなどの理由で、強く揺さぶると直接脳に力が加わり、脳出血を起こすおそれがあります。言語障害や視力障害に陥ったり、死に至ることさえあるのです。どうやっても泣きやまないときは、力ずくで泣きやませようとせずに、安全な場所に寝かせて、しばらくその場を離れるとよいでしょう。

孫が丸々と太っています。ミルクのあげ過ぎではないかと心配しています。

バアバ談 62歳（専業主婦）

娘は母乳が十分に出ないため、孫をミルクで育てています。丸々と太っていて、まるでお相撲さんのようです。いくらなんでも太り過ぎではないかと心配になります。赤ちゃんの成長曲線*と比べてみたら、かなり上限を上回っていました。母乳は欲しがるだけ与えていいといいますが、ミルクは制限する必要があるのではないかと思っています。

バアバにアドバイス この時期はかなり太っていても気にすることはありません。母乳でなくミルクであっても、赤ちゃんが欲しがるだけあげましょう。ミルクの量を減らすと栄養不足に陥るおそれがあるからです。ハイハイをするようになれば自然と体が引き締まってやせてくるものです。

*赤ちゃんの成長曲線とは、厚生労働省のデータをもとに、赤ちゃんの成長推移をグラフ化したものです。母子手帳にも記載されています。

あるある
みんなの
体験談

●3か月〜1歳未満の育児編

孫を預かっているとき、突然アレルギーが出てあわててしまいました。

ジイジ談 67歳（無職）

8か月の孫を週2回預かっています。半熟卵をあげたら30分ほどで口の周りが赤く腫れてしまいました。驚いてかかりつけ医に連れて行ったところ、食物アレルギーの疑いがあるとの診断でした。

孫が卵そのものを食べたのはこれが初めてで、食物アレルギーの中でも最も多いのが鶏卵であることを、あとで知りました。

ジイジにアドバイス

食物アレルギーの原因で最も多いのは鶏卵で、牛乳、小麦と続きます。要注意なのはアナフィラキシーです。皮膚だけでなく、それ以外にも症状がみられたら（目の充血、鼻水、腹痛、嘔吐など）すぐ病院を受診してください。さらにぐったりしていたらショックを起こしている可能性があります。迷わず救急車を呼ばなくてはなりません。

生後7か月になっても離乳食に興味を示しません。栄養不足になりそうで心配です。

バアバ談 64歳（専業主婦）

週に2〜3回預かる孫娘は、生後7か月になってても離乳食に関心を示しません。赤ちゃんせんべいとパンはかろうじて食べてくれるものの、他の離乳食は口に入れても吐き出してしまいます。ミルクをほしがるから、と、いつまでもこれだけでよいのでしょうか。今のところ元気ですが、栄養が足りなくなるのではないかと心配です。

バアバにアドバイス

お孫さんだけ別に食事タイムを設けて、離乳食をあげていませんか。子どもは真似して成長するもの。孤食にしていると食べ物に興味を示さないことがあります。一緒に食卓を囲み、おいしそうに食べてみましょう。また、離乳食が口に合わないことも。大人が食べている物で構わないので、のどの通りのよい薄味の物をつぶしてあげてみましょう。

冬なのにあせもができてしまいました。このような経験がなく、驚きました。

ババ談　70歳（専業主婦）

嫁が仕事に復帰したので、今冬から平日、孫を預かっています。

遊んだあと着替えをさせたところ、背中と首の周りにブツブツがあって、あせものようでした。汗を拭きとってかゆみ止めを塗りましたが、冬なのにあせもができるだなんて、びっくりです。私が子育てしていたときは、あせもなんてできませんでした。

ババに アドバイス

お孫さんに厚着をさせていませんか。子どもは大人よりも1枚分薄着でよいといわれています。子どもは大人よりも体温が高く、汗腺が密集しているので汗をかきやすいからです。背中を触って汗ばんでいたら1枚脱がせるようにします。昔と違って室内は温かいので着せ過ぎに注意。靴下も手足での体温調節の妨げになるので、室内では不要です。

1歳6か月の孫。今までの危険対策が、機能しなくなり始めました。

ジイジ談　63歳（パート）

台所に入らないように柵を置いていたら、先日、踏み台を利用して乗り越えてしまいました。

また、ベランダで洗濯物を干しているとき、中からカギをかけられて締め出されないように、タオルをはさんでいたのに、抜き取られてしまいました。最近とみに知恵が付いてきて、今までの危険対策が機能しなくなっています。

ジイジに アドバイス

踏み台になるような物を近くに置かない、タオルの代わりに専用ストッパーを付けるなどの対応が必要です。同時に1歳代なら簡単な指示が理解できるので危険な行為をした場合は「やってはダメ」「危ない」などと真剣に伝えるようにしたいものです。ジイジのいつもとは異なる厳しい口調に、危険であることが伝わるはずです。

「買って買って」と泣きわめき、自分の要求を押し通そうとします…。

バアバ談　60歳（パート）

2歳の孫と買い物に行ったとき、ほしい物を買ってあげなかったら、その場で大の字になって、手足をバタつかせて大泣き。叱っても、なだめてもダメ。手が付けられない状態になって、周囲に人だかりができるほどでした。あまりのすさまじさに、正直、自分の孫ではないふりをして、その場を立ち去ろうかと思ったほどです。

バアバにアドバイス　この年頃の子どもがギャン泣きした場合、いくら叱ってみても、なだめてみても、うまくいかないでしょう。そのうち、子ども自身なぜ泣いているのか分からなくなるため、気分を変えてあげるしかありません。少し落ち着いたときを見計らって、日ごろから好きなこと「アイスクリーム食べに行こうか?」などと誘ってみます。

下の子が生まれたら、上の子が赤ちゃん返りして困っています…。

ジイジ談　72歳（無職）

嫁が2人目を出産したら、2歳半の上の子が赤ちゃん返りをしてしまいました。今までは自分で食事をしていたのに「バアバ食べさせて。陽菜ちゃんできない」と言い出したり、下の子の話をすると「聞いて、聞いてジイジ、陽菜ちゃんのこと聞いて」とさえぎってきたりします。あまりにも真剣な表情なので、少し心配になります。

ジイジにアドバイス　皆の愛情を一身に受けていたのに、赤ちゃんに取られてしまったと感じているのでしょう。上のお孫さんにとっては大きな環境の変化だけに、しばらくは十分にケアしてあげたいものです。1時間でもいいので上のお孫さんとだけ遊ぶ時間を設けたり、赤ちゃんの世話をする際「陽菜ちゃんが手伝ってくれると助かるんだけど」などと頼りにしてみては。

3歳以上の育児編

「ママは嫌い。バァバの子になる」と言われ、ジイジと嫁が落ち込んでいます。

ジイジ談 65歳（無職）

平日、預かっている3歳の孫が、最近「ママはすぐ怒るから嫌い。僕はジイジとバァバの子になる」と言うようになりました。どうやら嫁は孫のことを厳しくしつけており、それをいやがっているようです。

一時的なことだとは分かっていても、嫁は「母親失格かも」などと言って落ち込んでいます。ジイジとしても複雑です。

ジイジに アドバイス

子どもが「ママ嫌い」などと言えるのは、このようなことを言っても、母親が自分を見捨てないことが分かっているからです。お嫁さんには「母親を信頼しているからこそ、このような暴言が吐けるんだよ。きみはよくやっていると思う。叱るのを少し抑えるだけでいいんだ」などと励ましてみてはいかがでしょうか。

もうすぐ幼稚園入園なのにまだおむつが取れず、あせっています。

バァバ談 62歳（専業主婦）

うちの孫はもうすぐ幼稚園なのに、まだおむつが取れません。最近の育児では〝自分でトイレを教えるようになるまで待つ〟やり方に変わってきてはいるものの、入園にはおむつが取れていることが条件になっているだけにあせってしまいます。トイレのしつけ関連の絵本やおまるを使って練習させていますが、どれもうまくいきません。

バァバに アドバイス

入園までにおむつが完全に取れていなくても、ある程度できていればまず問題ありません。周りの子がトイレでしているのを見れば、1か月ぐらいでできるようになるものです。もし、おもらしをしたときも、先生に「ときどき失敗してしまいます」などと伝えればよいでしょう。病気でない限りおむつは取れるようになるので心配はいりません。

あるある
みんなの
体験談

こんなケースも

孫を預かっているときに大地震。水道、電気、ガスが止まってしまいました…。

ジイジ談　70歳（無職）

孫を預かっているとき、大きな地震があり、水道、電気、ガスがすべて止まってしまいました。たまたま飲み水はミネラルウォーターが1ケース（2ℓ×6本入）あり、トイレを流す水は前夜の風呂の水をためてあったので、大事に至りませんでした。しかし、孫を預かる以上、水や食料は常に用意しておく必要があったと反省しています。

ジイジにアドバイス　水は最低でも3〜4ケースは用意したいもの。飲み水としてだけでなくミルク用にも欠かせません。万一用意していなかった場合は地震が起きたあと湯船に水をためておきましょう。殺菌消毒ソープで湯船を洗ってから水をためれば飲み水としても利用でき、1週間はもちます。食料はパンとジャムがそのまま食べられてのども通りやすいのでおすすめです。

うちの嫁は外国人です。3歳の孫の言葉が遅くて気になります…。

バアバ談　56歳（会社員）

うちの嫁は外国人で、孫は3歳になりますが、言葉が遅いような気がします。この歳になるとかなり話せるはずですが、単語は出てくるものの、文章となると難しいようです。こちらの言うことはよく分かっていて、表情も豊かです。

嫁は日本語があまり得意ではなく、平日の昼間は一人で育てていることと関係しているのかもしれません。

バアバにアドバイス　外国人のお嫁さんだとどうしても言葉は遅くなる傾向にあるようです。これからも日本で育てる場合は、なるべく早く保育園に入れてあげてはいかがでしょう。お嫁さんが働いていないと保育園に入れないかもしれませんが、無認可でもよいので早く入れることがカギになります。小学校入学まで言葉の遅れを持ち越さないようにしてあげたいものです。

4章

育児編（2）

子守りに役立つ最新情報

“孫育て”をする際、知っておくと便利な「子育て支援制度」から「今どきの保育園事情」、「最新子育てグッズ」、「生前贈与のしかた」までご紹介します。

Q 市区町村が行っている「子育て支援」には、どのようなものがありますか？

A 「利用者支援」に行くと、利用できる子育てサービスの種類や、利用手続きのしかたを教えてくれます。

子育て・孫育てをサポートするさまざまな支援事業にはどのようなものがあって、何を利用できるのか、親たちと一緒に調べてみましょう。育児や家事、仕事に忙しい親に代わって、祖父母が調べても喜ばれるかもしれません。

●利用者支援

まずは各市区町村にある「利用者支援」を訪ねてみましょう。その家庭の状況に合わせて、**利用できる子育てサービスの種類や利用手続きのしかた**を教えてくれて、**関係機関との橋渡し**も行ってくれます。

また、育児についての相談も受け付けています。聞きたいことがあればあらかじめメモしておくと、効率よく相談することができるでしょう。

●**地域子育て支援拠点**（子育て広場、子育て支援センターなどの名称も）

公共施設や保育所、児童館などで、0〜2歳児の子育て中の親子の交流、育児相談、情報提供を行っています。拠点にはスタッフが常駐。同じ年ごろの子どもを育てている親や祖父母と情報交換したいときや、育児に疲れたとき、困ったときなどに利用してみてはいかがでしょうか。

通称「ファミサポ」に登録しておくと助かる

●**ファミリー・サポート・センター**

子どもの世話を頼みたい人「依頼会員」と、世話をしてくれる人「提供会員」をマッチングする制度です。提供会員になる人は研修を受けており、子どもを預ける前に面談、打ち合わせもできるので助かります。園の送迎や親が帰宅するまでの預かり、冠婚葬祭などで親がみられないときの一時預かりを頼むことができます。ふだんはこれらの役目を祖父母が負っているかもしれませんが、都合が悪くてできないこともあるでしょう。会員登録とサポートを依頼できるのは子どもの保護者のため、事前に親が会員登録して、必要になったとき依頼すると有料で利用できます。

最新情報

「ファミサポ」は地域で子育てするイメージ

ファミサポを実際に利用した親からは、「祖母が寝込んでしまったとき、提供会員に1週間、保育園のお迎えをしてもらって、本当に助かった」「提供会員が60歳代の子育てのベテランだったので、安心して預けられた」「安くて1時間単位なので気軽に利用できる」などの声があがっています。

その一方で「預けていたときに子どもが転んでケガをした…」「相手の家の物を壊してしまった…」などのトラブルもあがっています。多くは**トラブルに備えて保険加入が義務付けられていますが、入っているかどうかしっかり確認したうえでの利用をおすすめします。**

ファミサポは、一昔前、隣近所で子どもを預けたり預かったりして、子育てをしていたイメージといってもよいでしょう。孫育てが一段落した人が、今度は提供会員になって地域の子育てに参加している、というケースも少なくありません。

●一時預かり（「一時保育」「子ども家庭支援センター」などの名称も）

ファミサポと同じように冠婚葬祭、通院などで子どもの世話ができないとき、一時的に預かってくれます。違うのは、預かる場所が保育所などの施設や子育て支援拠点であること。保育士がみてくれるところです。利用できるのは保育園や託児所を利用していない人のみとなります（市区町村によっては異なることもある）。

●子育て短期支援

子育て短期支援とは、子どもの短期入所「ショートステイ」、夜間・休日養護「トワイライトステイ」などの短期的に預かってくれる制度です。〝出産時、上の子どもを見てくれるはずの祖母が入院してしまった〟などの緊急時も、このような制度があることを知っていれば安心です。収入に合わせて費用がかかります。

祖父母向けの「孫育て手帳」でも情報収集

市区町村の中には、祖父母向けの情報誌「孫育て手帳」を発行したり、祖父母が一時預かりを頼める託児所を設けているところもあります。情報収集したいときや、孫を預かることができないとき、うまく利用したいものです。なお、祖父母が直接申し込めるような孫育てに特化した制度はまだ少ないため、利用するときは、基本的に親が申請、登録を行います。

孫育ての極意

子育て・孫育てをサポートする制度を利用したいなら、まず市区町村の「利用者支援」で情報収集を。

Q 「保育園に入れない」という話をよく聞きます。現状を教えてください。

A 待機児童になってしまうと、祖父母にとっても深刻な問題に。「認可外」も申し込むとよいでしょう。

保育園は大きく「認可を受けた保育施設」と、「認可外（無認可）保育施設」に分けられます。認可を受けた保育施設には、①「認可保育園」②保育園と幼稚園の両方の機能を持つ「認定こども園」（まだ数は少ない）③0～2歳を対象にした「小規模保育」④0～2歳対象、定員5人以下の「家庭的保育（保育ママ）」⑤「事業所内保育（従業員以外の子どもも預かる）」などがあげられます。

一方、認可外保育施設には、①「認証保育所」②「認可を受けていない保育ママ」③「事業所内保育所」④「ベビーホテル」などがあげられます。

また、「幼稚園」では3歳以上を対象に午後2時ごろまで幼児教育等を行っています。

幼稚園の8割で、希望者には夕方までの「預かり保育」も実施しています。

　これだけあればなんとかなるのでは…と思われがちですが、待機児童問題は深刻です。特に大都市ではまだまだ解決にはほど遠いのが現状です。

就学前まで通える認可保育園に人気が集中

　人気が集中しているのは「認可保育園」ですが、ここのよいところは、保育士の数、防災などで、国の定めた基準をクリアしているうえに、園舎や園庭が幼稚園のように充実している点にあります。さらに保育料が安いことも大きな魅力の一つです。また、その他の認可を受けた保育施設「小規模保育」「家庭的保育」「事業所内保育」は、原則0～2歳を対象としていますが、「認可保育園」は就学前まで通うことができます。2歳で再び保育園探しをする必要がないのです。そのため希望者が殺到し、夫婦ともにフルタイム勤務なのに選考に漏れてしまう…、上の子しか入れなかったため、下の子は別の保育園に入れて2か所の送迎に追われる…などという事態が起こっています。

孫育ての極意

3歳以上なら、預かり保育を実施している「幼稚園」に入れて、夕方まで預かってもらうという方法も。

保育園を決めるときは、必ず現地調査を

「認可保育園」に入れない場合のことを考えて、**認可外をはじめその他の施設もどんどん見学**してみるとよいでしょう。必ず現地視察を行うことが大切です。

認可外保育園の不満は、「狭いところに子どもが詰め込まれている感じ」「0歳児と3歳児が同じ部屋」「保育士が少ない」「なんとなく清潔でない」などが多いようです。

そのためチェックするときは子ども一人当たりの広さがどのくらいか、園庭の有無、年齢ごとに部屋を分けているか、子どもに対する保育士（有資格者）の数、スタッフの様子、衛生的かどうか、調理施設の状態がポイントになります。

また、見学時に**遊んでいるところや食事の様子**をじっくり見せてくれるかなどの**園がオープンで誠意ある対応**をしてくれるかどうかも注視しましょう。

入れるかどうかは祖父母にとっても一大事

保育園に入れない場合は娘や嫁が育児休業を延長するなどの対応を迫られることになります。もし祖父母が預かるとしたら相当な覚悟が必要でしょう。

ある祖父母の場合、娘夫婦が「認可保育園」にこだわり、入れないときは預かってほし

いと頼んできましたが、平日の5日間、朝から晩まで孫を預かることに大きな負担を感じていました。

そのため、自分たちで少し離れているものの認可外のよい保育ママを探し出し、娘夫婦の了解をとったうえ、「認可保育園」が空くまで預けることにしました。

結局、待機児童となって、半年後に欠員があり、「認可保育園」に入れることができたそうです。

親たちだけでなく、祖父母にとっても、保育園に入れられるかどうかは一大事。**親たちと協力して保育園探しをすること**も、現状では必要なのかもしれません。

昔の子育て常識、今の非常識!? 12

「3歳児神話」は迷信。発育、成長にはまったく問題ない

最新情報

3歳児神話とは「3歳になるまでは母親が子育てに専念しないと、子どもの成長に悪影響を及ぼす」というものです。しかし、現在では母親が保育園などに預けて仕事に復帰しても発育にはまったく問題ないと報告されています。3歳までに愛情を注ぐことは重要ですが、母親の愛情だけとは限らないのです。

塾・習い事

Q 塾や習い事が盛んなようですが、祖父母は何をしてあげればよいでしょう?

A 親たちに同調して一生懸命になるのではなく、孫が楽しんでいるかどうかを見極めましょう。

「習い事は6歳の6月6日から」の言い伝えがありますが、現代では1歳から親子で通えるような習い事も珍しくありません。お受験熱も高まっており、名門幼稚園や小学校に入れるために早くから塾へ通わせる親たちも数多くみられます。

習い事は、それがたとえお受験のための塾であっても、**本人が楽しんでいるかどうかがポイントになります。**喜んで通い、夢中になってやっているようなら問題はありません。「湊くん、もう5まで数えられるようになったんだ…。すごいね!」「結菜ちゃん、今日は10mも泳げたじゃない! 頑張ったね」などと具体的に**褒めて、習得する楽しさや達成感を味わわせて**あげましょう。

親たちが望むような成果が出せなくても、祖父母はじっくり見守って「大丈夫だよ。だってプールの水に顔をつけられるようになったじゃない」などと、できることを探し出して、褒めてあげたいものです。

過熱する親をうまく鎮めるのも役割の一つ

一方、孫がその習い事を嫌がっているのに親が無理強いしているようであれば、一度親と相談する必要があるかもしれません。ただし、**ストレートな物言いは禁物**です。例えば「いつも泣きながらプールに入っているじゃない。あれではかわいそうよ、虐待よ」などと言えばけんかになりかねません。

むしろ「〝赤ちゃんのうちにスイミングを始めた方が、恐怖心がないからいい〟というのはよく分かる…。ただうちの花ちゃんにはまだ早いかもね。2歳になってからまた始めるというのはどう?」などと親の教育方針を認めつつ、祖父母としての考えを話してみましょう。習い事に熱心になるあまり過熱する親をうまく鎮めるのも祖父母の役割ではないでしょうか。

孫育ての極意

孫がその習い事を楽しんでいる場合は思いっきり応援する。嫌がっている場合は親に忠告や相談を。

Q 孫が喜ぶところに出かけたいと思います。どこがおすすめでしょうか？

A 2歳以下のお孫さんと出かけるなら「地域子育て支援拠点」、3歳以上なら「児童センター」がおすすめです。

動物園や水族館、遊園地は定番スポットですが、楽しめるのは2歳半ぐらいになってからです。費用がかかり、遠出しなくてはならないことも…。自宅近くで気軽に遊べる場所がたくさんあるので、そちらもぜひ利用してみましょう。お孫さんが0〜2歳なら、まず市区町村による「**地域子育て支援拠点**」（117ページ）があげられます。子育て経験のあるスタッフが常駐して、安全に遊べるように手助けしてくれます。読み聞かせ、手遊びなどの子どもと一緒に楽しめるイベントも行っています。放課後、児童クラブなどを開放した「**のびのびルーム**」（自治体によって名称は異なる）も、0〜2歳と保護者を対象とした遊びの場で、専門スタッフが常駐しています。

「おもちゃ図書館」では貸し出しも行っている

「おもちゃ図書館」（NPO法人おもちゃの図書館全国連絡会）では、数多くのおもちゃで遊ぶことができ、おもちゃを貸し出しているところもあります。主に公共施設を使って、月に1〜2回開館しています（常設館のところもある）。

基本的には誰でも利用できますが、障がい児優先、未就園児のみなどのおもちゃ図書館もあります。**「おもちゃ病院」**が併設されている場合もあり、壊れたおもちゃを持っていくと、おもちゃドクターに診てもらうことができます。

3歳以上のお孫さんなら、**「児童センター」**がおすすめです。0〜18歳の子どもと保護者が自由に利用できる遊びの場で、就学前の子どもは保護者同伴で利用することができます。イベント、クラブ活動などが行われています。また、気候のよい日なら近くの公園や海辺、川辺などにお弁当を持って出かけても楽しいでしょう。

出かける際は、おむつ替えやミルクをやれるスペース**「赤ちゃんの駅」**があるところをパソコンやスマホで検索しておくと安心です。公共施設や銀行、商業施設などに設置されています。

孫育ての極意

お出かけ先は動物園やテーマパークだけではない。自宅近くの遊びの場も積極的に利用する。

Q 今どきの子育てグッズ、昔とどこがどのように変わったのか教えてください。

A まず、驚くほど進化したのが紙おむつとおしりふき。哺乳瓶の消毒もずいぶん簡単になりました。

祖父母世代が最近の育児グッズを見て、何よりも驚くのはまず「紙おむつ」が格段によくなっていることではないでしょうか。たっぷりおしっこをしてもしっかり吸収して、しかもお尻を触るとサラサラ。ゆるいうんちも漏らさずにガードするので、はみ出ることはまずありません。昔は漏れがひどく、外出する際は赤ちゃんと自分用の着換えを持ち歩いたものですが、そのような心配がいらなくなりました。

おむつのサイズも豊富で、体重を目安に新生児用からビッグサイズまで何タイプもそろっています。たとえ小学校に入るまでおむつが取れなくても、それ用のおむつがあるので心配はいりません。しかも昔に比べて紙おむつの値段が格段に安くなっているため、手軽に利用できます。ポイントさえ押さえれば、使い方も簡単。娘さんやお嫁さんに教えてもらうとよいでしょう。

今のおしりふきなら、毎回おしりを洗う必要なし

「おしりふき」も大きく進化しました。昔のおしりふきと違って、毛穴に入り込んだ汚物まで取り除けるので、うんちをするたびにお風呂でおしりを洗い流す必要がありません。外出先でもおしりふきできれいにしてあげれば、夜のお風呂タイムまで、十分にもたせることができるのです。この手間が省けるようになったのはかなり大きな進歩で、気分的にも実際にも負担が軽くなったと感じる人は多いことでしょう。子育ての中でも特に大変なうんちやおしっこの世話がらくになると、孫を預かる際のハードルもぐっと下がりそうです。

また、昔は哺乳瓶の消毒も大仕事でした。蒸し器に入れて煮沸消毒し、自然乾燥させたものですが、今なら洗ってから消毒薬につけて液をきるだけ。電子レンジを使うタイプは、洗ってから専用のケースに入れてチンするだけで消毒することができます。

孫育ての極意

最近の紙おむつやおしりふきは格段によくなっているので、育児が昔に比べてずいぶんらくに。

ネットスーパーやタクシーの配車アプリも便利

グッズだけでなくネットサービスにも孫育てに役立つものがいろいろあります。孫を預かるようになると、スーパーに行くのもひと苦労…ということがよくあります。赤ちゃんを抱いて重い食料品を買いに行くのはかなり大変なもの。天気のよい日だけでなく雨や雪の日もあります。そのようなときに役立つのが、家にいながらにして生鮮食品やお総菜、日用雑貨が買えるネットスーパーです。インターネットだから都合のよいときに注文できて、**重い物も自宅の玄関まで運んで**くれます。「ネットスーパー」と検索すると見慣れた大手のスーパーやコンビニのネットスーパーがずらっと出てくるので、いろいろ試してみてはいかがでしょうか。

商品の値段は、大手スーパー系なら、実店舗とあまりかわりがなく、品ぞろえも豊富です。配送料は店によって異なりますが、300〜500円台が多いようです。3000円以上、5000円以上購入すれば無料というところもあります。孫に安全な物を食べさせたいという人には、有機野菜や無農薬野菜などを扱ったネットスーパーもあるので利用してみましょう。

孫育ての極意

孫を預かっていて買い物に行けないときはネットスーパーを活用。生鮮食品から雑貨まで注文できる。

また、孫を連れて外出すると、荷物が多いのに寝入ってしまったり、グズって歩かなくなることがあります。タクシーを呼んでも電話がつながらなかったり、所在地を説明しづらいとき「タクシーを呼ぶアプリ」を入れておくと便利です。早く呼べて、所在地は**地図で指示**することができます。

コミュニケーションアプリLINE（ライン）もおすすめです。例えば息子、嫁とグループを作っておくと、メールや写真のやりとりが簡単にできます。預かっている孫が熱を出した、などというときも手早く連絡を取り合うことができるので安心です。

昔の子育て常識、今の非常識!? 13

チャイルドシートの使用は必須。違反すると１点の違反点数に

最新情報

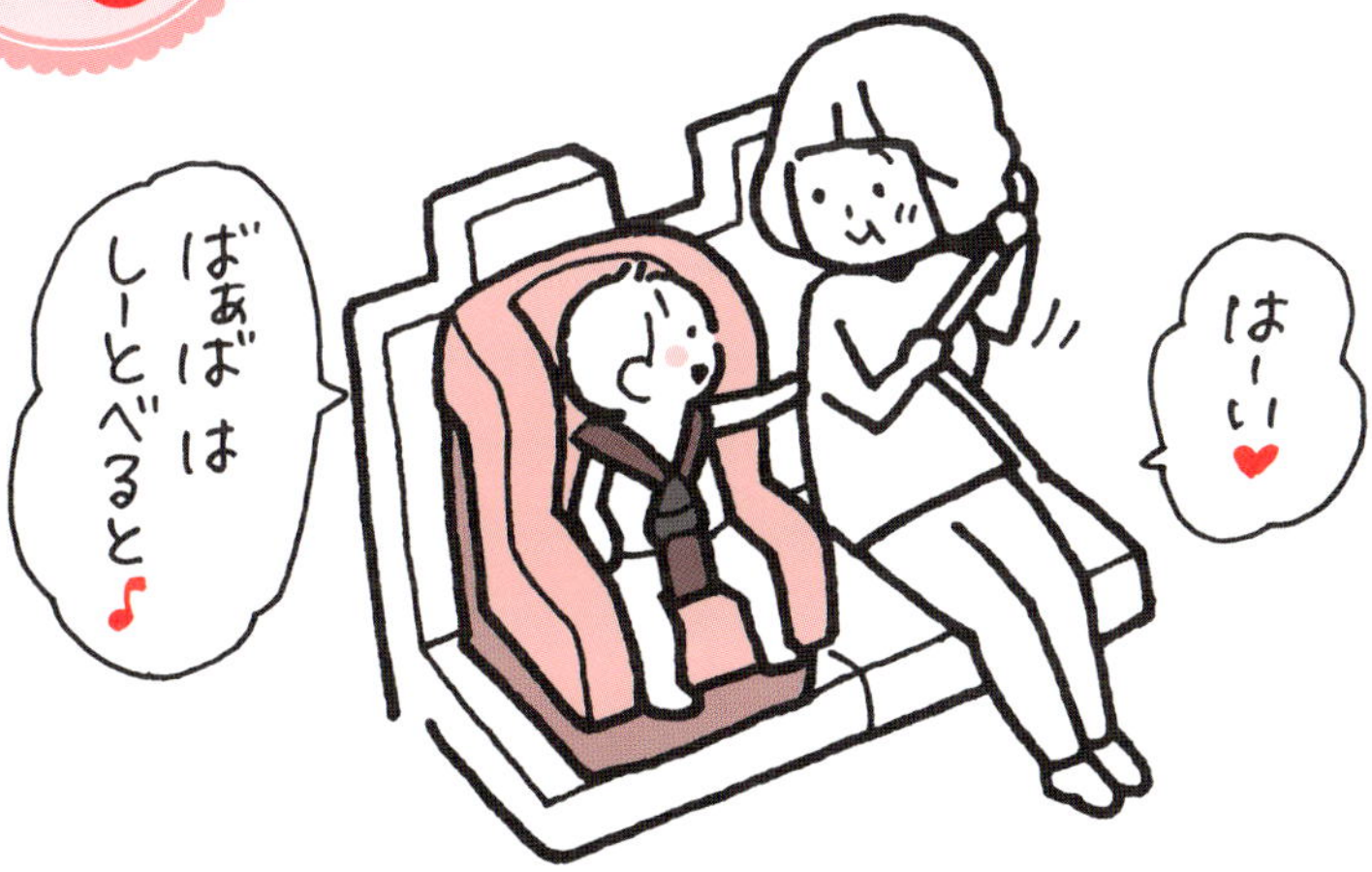

車に乗るときに付ける「チャイルドシート」。昔はありませんでしたが、6歳未満の子どもには道路交通法で使用が義務付けられています。乳児用、幼児用、学童用の3種類があり、体重や年齢に合わせたものを選ぶことが大切です。6か月未満の赤ちゃんにはベッド型がおすすめです。

Q 孫を経済的に応援したいと思います。どのような方法があるでしょうか？

A 「生前贈与」という方法があります。暦年贈与や贈与の特例を利用してはいかがでしょう。

元気なうちに財産を譲るのが「生前贈与」です。財産のある人は生前に贈与しておく方法もあります。

暦年贈与

贈与税は一人の人に贈与された「1年間の財産の合計額」に対して課税されるものです。ただし110万円を基礎控除として差し引くことができます。1年間に110万円以内の贈与であれば、贈与税はかからず、申告の必要もないということです。また、死亡後の相続財産に加えられず、相続税の課税対象にもなりません。これを「暦年贈与」と呼んでいます。

※参考文献／『相続税・贈与税Q＆A』（清文社）
※132〜134ページは、2018年1月現在の情報です。

もっとも長年にわたってこの暦年贈与を利用していると、死亡後の相続で税務署から「贈与ではなく相続税対策である」とみなされることもあります。次の点を押さえておくとよいでしょう。

①孫や親に贈与することを報告する。②祖父母に余裕があるとき、少しずつでも継続的に贈与する。③「入金」は必ず孫名義の通帳に明記して、どこからの贈与か明らかにする。④通帳と印鑑は孫かその親に渡して、祖父母の手元には置かないようにする。

また、死亡後の相続が発生してからさかのぼって3年間の暦年贈与は、相続財産に加算されて、課税対象になります。暦年贈与を選ぶなら、早く始めた方がよいでしょう。

住宅取得資金贈与の特例

対象⬇2020年3月31日までに購入等の契約をしたもの

父母や祖父母から「マイホーム資金」として20歳以上の子や孫（直系卑属に限る）に贈与した場合、700万円まで非課税になります。さらにマイホームが一定の省エネ等基準に適合する住宅の場合、1200万円まで非課税になります。ただし、贈与を受ける子や孫のその年の所得税の合計所得金額が2000万円以下、住宅の床面積が50㎡以上240㎡以下等の条件があります。

また、贈与を受けた子や孫は、その翌年の2月1日～3月15日までに、税務署に贈与税の申告書及び添付書類を提出する必要があります。

教育資金や結婚資金でも非課税の特例あり

教育資金一括贈与の特例

対象⬇2019年3月31日までの贈与

父母や祖父母から「教育資金（入学金や授業料など）」として30歳未満の子や孫に贈与した場合、1500万円まで非課税になります。贈与を受けた孫などが30歳になったときにお金が残っていたら、その段階で残りのお金に対しては贈与税がかかります。

結婚・子育て資金贈与の特例

対象⬇2019年3月31日までの贈与

父母や祖父母から「結婚・子育て資金」として20～49歳の子や孫に贈与した場合、1000万円まで非課税になります。贈与を受けた孫などが50歳になったときにお金が残っていたら、その段階で残りのお金に対しては贈与税がかかります。

相続時精算課税

60歳以上の父母や祖父母から20歳以上の子や孫への贈与で、利用することができます。2500万円の限度額に達するまでは何回贈与しても贈与税はかかりません。ただし、死亡後の相続財産に加えられ、相続税の課税対象となります。一度、相続時精算課税制度を選択すると、同じ祖父母からの贈与を途中で暦年贈与に変更することはできないため、注意が必要です。

あるある
みんなの
体験談

●制度編

介護と孫育てをやっています。体力的にきつくなりましたが、娘には言い出せません。

バアバ談　65歳（専業主婦）

主人は脳梗塞を患い、右半身が不自由で、私の介助がないと、着替えも食事もできません。さらに週2回、2歳の孫を預かっていますが、最近、介護と孫育ての2本立ては体力的にきつく、腰の調子も悪くなってきました…。

そうはいっても、資格を取得してキャリアアップを目指している娘には、なかなか言い出せません。

バアバにアドバイス　体力的にきついことを娘さんに伝えて、早めに手を打った方がよさそうです。無理をして倒れてしまっては介護も孫育てもできなくなってしまいます。まず、どのような子育て支援が受けられるか「利用者支援」を訪ねてみましょう（116ページ）。介護サービスは「地域包括支援センター」*に相談を。介護に関するすべての相談にのってくれます。

息子が3歳の孫をあざができるほど叩いていることが分かりました。

バアバ談　58歳（パート）

3歳の孫をひさしぶりに預かったら、手や足のあちこちにあざがあったので聞いたところ「パパに叱られた」と言うので驚きました。他にも叱られたところがあるのかたずねると「たっくんが悪いことをするから、頭とほっぺを叱られた」と言います。すぐ息子に電話をして問いただしましたが「軽く叩《たた》いただけ」と言って取り合いません。

バアバにアドバイス　手を上げる親から孫を引き離すのは祖父母の役目です。まず、短期間でもよいので、すぐ自分の家に泊まらせて、お孫さんの安全を確保しましょう。その間に息子さん夫婦と徹底的に話し合います。それでも納得がいかない場合は、すぐ児童相談所や市区町村に連絡してください。連絡した人の秘密は法律で守られています。

*市区町村に問い合わせると、近くの「地域包括支援センター」を紹介してくれます。

娘が孫を保育園の0歳児クラスに預けて、もう仕事に復帰すると言います…。

バアバ談 57歳（専業主婦）

娘に「せめて1歳になってからにしたら？」と言ってたところ、そのつもりだったけど、0歳児クラスの方が保育園に入れてもらいやすいので、復帰の時期を早めることにした…と言います。0歳児クラスは新規募集なのに対して、1歳児は欠員や増員する場合の募集になるので入りにくいと言うのです。「それにしても」とつい思ってしまいます。

バアバにアドバイス

「そんなに小さいときから預けてはかわいそう」という思いがあるのでしょう。しかし、保育園では年齢に合わせた育児や教育が行われているので、0歳児であっても楽しく過ごせるはずです。専門家が責任をもって預かってくれるので心配はないでしょう。0歳児の場合は人見知りが始まる前のことが多く、早くなじみやすいというメリットもあります。

嫁は2歳の孫を保育ママに預けていますが、安全なのか心配です。

バアバ談 63歳（パート）

嫁は2歳の孫を「保育ママ」に預けて働いています。認可は受けていますが、保育ママ1人が自分の家で3人の乳幼児を預かっているそうです。

嫁は「子ども好きのいい人です」と言いますが、保育園と違って1人でこなす育児にはやはり不安を感じます。かといって私が預かることもできず、もんもんとしています。

バアバにアドバイス

認可を受けた保育ママなら保育士、看護師の資格がある、幼稚園教諭免許を持っているなど、一定の条件を満たしているので、ある程度の安心感があります。定期的に指導監査も入っているはずです。お嫁さんが認めているなら、人柄もよい方なのではないでしょうか。保育ママへの送迎を引き受けるなどして、一度会ってみるとよいかもしれません。

あるある みんなの体験談
●習い事・外遊び編

母がお受験にこだわっています。私たちは公立学校で普通に育てたいのですが…。

パパ談 30歳（会社員）

母が娘のお受験にこだわって困っています。幼稚園入園のときも「普通の幼稚園に入れた…」と不満そうでした。小学校入学を控えて過熱気味になり、塾の見学を熱心に行っています。私が大学受験で苦労したため、早いうちからよい教育を受けることが必要と思っているようです。私も妻も公立小学校で十分と考えているのですが。

パパにアドバイス 孫への愛情ゆえの行為なので、いちがいに責めるわけにもいきませんが、一度、じっくり話し合いの場を設けてはいかがでしょうか。子育ての主役はあくまでも親であることを再確認し、親としての「子育てビジョン」をきちんと説明するようにします。お母さんには授業で分からなかったところをみてもらう、などのサポーターで参加してもらいましょう。

外遊びをさせてくれない父。「とっさのとき守れないから」と、一日中家で遊ばせています。

パパ談 30歳（会社員）

父に3歳の子どもを預けていますが、天気のよい日も一日中、家の中で遊ばせています。子どもに外遊びが必要なことは理解してくれていますが「外にはどんな危険があるか分からない」「何かあったとき、自分の体力では守れるかどうか自信がない」「どこで遊ばせたらいいか分からない」などと言って、結局出かけてくれません。

パパにアドバイス お父さんとお子さんの3人で一緒に児童センター（127ページ）や公園に出かけてみては。どのような場所か分かり、自信が付けば一人でも連れて行けるようになるものです。児童センターや公園は子育て中の親や孫育て中の祖父母との出会いの場でもあるので、育児の悩みを話すことができれば、これが安心材料になるかもしれません。

●子育てグッズ編

最新の子育てグッズを、母は使いこなせないと拒否。昔のやり方で通そうとします。

パパ談 26歳（会社員）

母は、最近の子育てグッズを使いこなせず、何でも昔のやり方で押し通そうとします。せっかく多機能型抱っこひもなのに「使い方が分からないから」と、いつもおんぶヒモとして使うだけ。哺乳瓶の消毒は電子レンジでやれば簡単なのに、ガンとして煮沸派。先日はチャイルドシートの付け方が分からないからと、車での外出を拒否されました。

パパにアドバイス

チャイルドシートの付け方はシニア世代でなくても難しいもの。付け方を間違えないように、最初は購入したところで付けてもらうとよいでしょう。その他については安全性に問題なければお母さんのやり方でもよいのでは…。あるいはお二人で一緒に両方のやり方を比べてみるのも一案です。互いのよさが分かって譲歩し合えるかもしれません。

まだ幼稚園児なのに、いつもスマホで遊んでいます。成長を妨げそうで心配です…。

バアバ談 62歳（パート）

孫は幼稚園児なのに、気が付くといつもスマホで遊んでいます。娘にたずねると「構ってあげられないとき便利だし、おとなしくしてくれるから」と言います。確かにそうかもしれませんが、こんなに小さいころからスマホを見続けるのはよくないと思います。娘に「成長の妨げになるから」と言っても、聞き入れてもらえません。

バアバにアドバイス

日本小児科医会では「スマホに子守りをさせないで！」と呼びかけています。心と体の基礎をつくる大切な時期だからです。「スマホを含め、テレビなどすべての電子映像メディアへの接触は1日2時間までを目安に」などと推奨しています。スマホで遊ばせるのは電車やバスの中でどうしても静かにしてほしいときなど、限定的に使うようにしましょう。

あるある
みんなの
体験談

●こんなケースも

娘が別居して、孫連れで戻ってきました。離婚は避けられないようです。

ジイジ談　61歳（会社員）

娘が半年前に別居して、3歳の孫を連れて戻ってきました。私から見ると互いに歩み寄ることがなく、我慢が足りないように思えますが、娘にいわせると、いがみ合う姿を子どもに見せるのはかえってよくない、とのことで、離婚は避けられそうにありません。娘は専業主婦だったため、現在就職活動中で、その間は妻が孫の面倒をみています。

ジイジに アドバイス

娘さん親子の支援を無理なくできるのであれば、引き続き娘さんが生活を立て直すまでの間、一時避難場所にしてあげてはいかがでしょうか。市や区の福祉事務所などでは一人親家庭のための自立に向けた相談を受け付けているので利用してみましょう。なおこの間、お孫さんの前でお婿さんの悪口を言ったり、非難しないようにしましょう。

小さな子どもがいる息子夫婦が経済的に困窮。援助したくても余裕がありません。

バアバ談　67歳（パート）

3歳と9か月の幼い子どもがいるのに、息子夫婦が困窮しているようです。息子は勤めが長続きせず、すぐに辞めてしまいます。嫁がときどきパートに出ていますが、それではとても足りないようです。孫がよく風邪を引くので聞いてみると「おうちが寒いの」と言うので、せつなくなります。うちも年金暮らしで、十分な仕送りはできません。

バアバに アドバイス

同居するのは難しいでしょうか？　家賃や生活費がかなり節約できるでしょう。幼いお孫さんの世話をしてあげれば、お嫁さんがもっと働きやすくなるかもしれません。また、区役所、市役所などに相談してみましょう。経済的に困窮し、最低限度の生活を送れないおそれがある人には、その状況に応じた支援や、自立に向けた支援が行われます。

祖父母だからできること。祖父母にしかできないこと。

孫ができて、あやしたり抱いたりしていると「祖父母としてこの子に何をしてあげられるだろう…」「何が必要なのだろうか…」などと考え込んだりしませんか?

祖父母の役割は、何よりもまず孫をかわいがってかわいがって、愛情をたっぷり注ぐことでしょう。

親たちも愛情を注いでいるはずですが、もしかしたら足りていないかもしれません。すき間を埋めてあげるのが祖父母の役割と考えられます。

赤ちゃんのころは抱いたり、あやすなどのスキンシップを頻繁に行うことで、愛情を注ぐとよいでしょう。少し大きくなったら「陽太くんすごいね、偉いね」などとたびたび褒めたり、「陽菜ちゃんのことが大好きよ」などと言って、大切に思っていることをくり返しくり返し伝えるようにします。もちろんスキンシップもたっぷりと。

悪いことをして親に叱られたときも、ぜひかばってあげましょう。孫が「どんなときもバアバは味方になってくれる」などと思えるような存在になれれば理想的です。無条件に安心できる場所があってはじめて子どもはすくすくと育つのです。

親は責任があるため、つい強く言い過ぎたり、忙しさのあまり叱りっぱなしになってしまうことがあります。ひと昔前なら、様子を見に来た近所のおばさんが「そんなに叱らなくても…」などとかばってくれたものですが、今はそのような子どもの一時避難場所もないだけに、祖父母の助けが一層必要になりそうです。

もっとも親が叱っているのに「まあいいじゃないか」などと甘やかしたり、「気にするな」などと親と異なることを言っていいものか…と迷う人もいるかもしれません。

実際、娘や息子に「お母さんは責任がないから、甘やかしてばかり…」「怒っている私がいつも悪者になってしまう…」などと反論された人もいるでしょう。

そのようなときは「近頃、叱れない親が多いけれど、あなたは子どもと本気で向き合っているから立派だと思う」などと娘や息子のことをまず十分に認めるようにします。そのうえで、「莉央ちゃんは最近とてもしっかりしてきたから、ママになぜ叱られたのか、もう十分に分かっていると思うよ」などと、孫の代弁をしてかばってはどうでしょう。

祖父母と親では人生経験の積み方も、子どもに対する責任のあり方も異なるだけに、接し方が違ってくるのは当然です。

子育ての目的は「独り立ちさせて、幸せに暮らせるように導くこと」。

この最終目標さえ親と共有していれば、やり方は違っても構わないのではないでしょうか？むしろさまざまな人に接することで子どもは成長していくものです。この点を一度、親たちとじっくり話し合うことができれば、よりよい孫育て、子育てができるに違いありません。

いくらすばらしい子育てをしても、命を落としてしまっては元も子もありません。孫が車道にパッと飛び出したりしたら「何をするんだ!! 飛び出すな!!」などと言ってきつく叱り付けます。

孫は驚いてワーワー泣くかもしれませんが、ふだん優しいジイジがそこまで怒るんだからやってはいけない…などと幼いながらにも気付くはずです。

叱りっぱなしではなく「車にひかれたら、大ケガをしたり、死ぬんだぞ。死んだら、もうママに会えなくなるんだぞ」などと理由を分かりやすく伝えるようにします。「嫌いだから怒ったんじゃないよ。大ケガをしてほしくなかったんだ」などとフォローすることも大切でしょう。

高いところからすぐ飛び下りるような孫には「背丈より高いところから飛び下りてはケガをする」などと子どもにも分かるように説明します。海や川に遊びに行った際には、「自分の膝より深いところに行っては溺れるから絶対にいけない」などと、

経験を積んだ祖父母だからこその知恵を孫に伝えたいものです。

また、孫にママやパパの幼少期や結婚当時の話をしてあげられるのも祖父母ならではの特権でしょう。

「大翔くんのパパが小さいときは、電車が大好きでね。〝駅に連れて行って！〟とよくせがんだものだよ。大翔くんと同じだね」

「葵ちゃんのパパとママは、大学時代の先生の紹介で知り合ったのよ。会ってすぐにお互いのことをとても気に入ってね。あっという間に結婚が決まったの。それで、葵ちゃんが生まれたのよ」などという話は孫にとって楽しく、大人になったときの大切な思い出になるはずです。

さらに、老いてもう孫の面倒をみられなくなっても、祖父母には身をもって教えられることがあります。おいしい料理を作ってくれたバアバが衰え、身の回りのこともできなくなれば、孫は幼いながらにも寂しさや悲しさを感じるとともに、ひと回り成長できるかもしれません。いつも近くにいたジイジが亡くなることで、「死んでしまうと、もう会えないんだ」という人のはかなさを知るかもしれません。

もしかするとこれが孫にみせられる、祖父母の最大の役割かもしれません。

監修 **宮本まき子**（みやもと・まきこ）

家族問題評論家・カウンセラー。1947年生まれ。1970年津田塾大学アメリカ研究科卒。1979年から22年間にわたり、雑誌社の電話相談室に勤務。子育て・家族問題・医療・心理・教育関係を担当し、2万件の相談を受ける。現在、フリーライター、エッセイスト、家族問題評論家として新聞、雑誌、講演、テレビ等で活躍。エッセイ連載や書評、コメントも執筆。著書は『団塊世代の孫育てのススメ』（中央法規出版）、『輝ける熟年』（東京新聞）など多数。
https://www.makikomiyamoto.jp/

医学監修	榊原 洋一（お茶の水女子大学名誉教授）
監修協力	深代 勝美（公認会計士・税理士・行政書士 税理士法人深代会計事務所代表）132〜134ページ「生前贈与」
カバー・本文デザイン	佐々木容子（カラノキデザイン制作室）
イラスト	たきれい
執筆協力	別所 文、青木信子
校正	円水社
編集協力	大島智子、前澤夏子（フロンテア） http://www.frontier-tokyo.com/

本書は2018年1月現在の育児法、医学、制度（税制など）を基に制作しています。

NHK出版 なるほど！の本
孫ができたらまず読む本
子育て新常識から家族とのつき合い方まで

2018年 3月10日 第1刷発行
2024年 3月 5日 第4刷発行

監修者	宮本まき子 ©2018 Miyamoto Makiko／Frontier
発行者	松本浩司
発行所	NHK出版 〒150-0042 東京都渋谷区宇田川町10-3 電話　0570-009-321（問い合わせ） 　　　0570-000-321（注文） ホームページ　https://www.nhk-book.co.jp
印刷・製本	図書印刷

乱丁・落丁本はお取り替えいたします。

定価はカバーに表示してあります。

本書の無断複写（コピー、スキャン、デジタル化など）は、著作権法上の例外を除き、著作権侵害となります。

Printed in Japan
ISBN 978-4-14-011358-5 C0077